MARCO POLO

W0189647

KARIBIK

GROSSE ANTILLEN

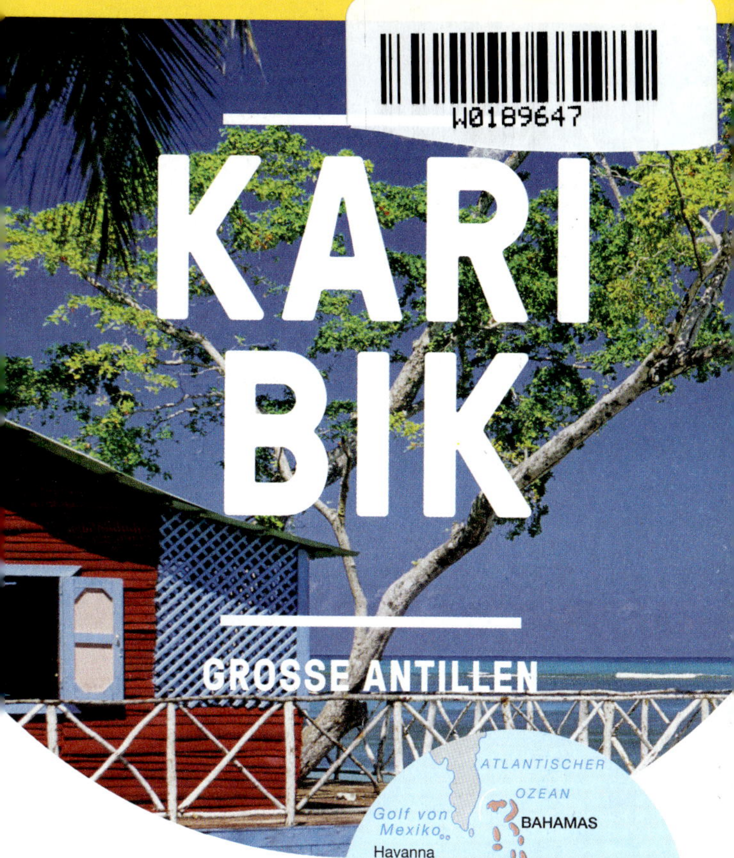

MARCO POLO AUTORIN

Irmeli Tonollo

Die Reiseschriftstellerin ist auf die Karibik spezialisiert und seit 1991 regelmäßig auf den Inseln unterwegs. Über Freunde kam sie auf die „West Indies", erste Reisen gingen nach Jamaika und Kuba. Am meisten reizt sie die Vielfalt der Menschen, ihre Kulturen, Sprachen und Gewohnheiten und natürlich auch die Küche: Jerk Chicken und die gut gewürzten Eintöpfe der spanischsprachigen Inseln.

REIN INS ERLEBEN

Mit dem digitalen Service von MARCO POLO sind Sie noch unbeschwerter unterwegs: Auf den Erlebnistouren zielsicher von A nach B navigieren oder aktuelle Infos abrufen – das und mehr ist nur noch einen Fingertipp entfernt.

Hier geht's lang zu den digitalen Extras:

http://go.marcopolo.de/kga

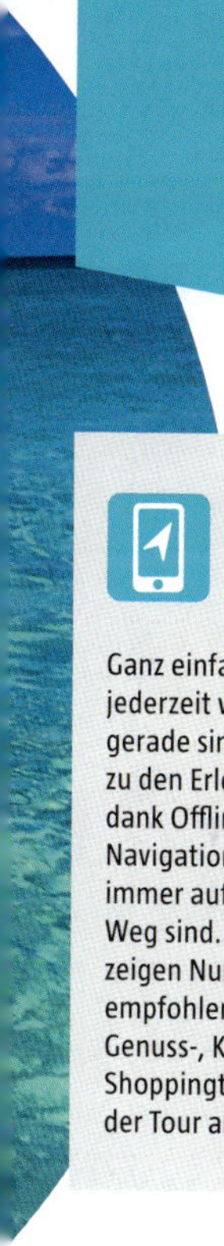

Touren-App

Ganz einfach orientieren und jederzeit wissen, wo genau Sie gerade sind: Die praktische App zu den Erlebnistouren sorgt dank Offline-Karte und Navigation dafür, dass Sie immer auf dem richtigen Weg sind. Außerdem zeigen Nummern alle empfohlenen Aktivitäten, Genuss-, Kultur- und Shoppingtipps entlang der Tour an.

HTTP://GO.MARCOPOLO.DE/KGA

Update-Service

Immer auf dem neuesten Stand in Ihrer Destination sein: Der Online-Update-Service bietet Ihnen nicht nur aktuelle Tipps und Termine, sondern auch Änderungen von Öffnungszeiten, Preisen oder anderen Angaben zu den Reiseführerinhalten. Einfach als PDF ausdrucken oder für Smartphone, Tablet oder E-Reader herunterladen.

SYMBOLE

- INSIDER TIPP – Insider-Tipp
- ★ – Highlight
- ●●●● – Best of ...
- Schöne Aussicht
- Grün & fair: für ökologische oder faire Aspekte
- (*) kostenpflichtige Telefonnummer

PREISKATEGORIEN HOTELS

€€€	über 150 Euro
€€	85–150 Euro
€	bis 85 Euro

Die Preise gelten für ein Doppelzimmer in der Wintersaison ohne Frühstück

PREISKATEGORIEN RESTAURANTS

€€€	über 30 Euro
€€	20–30 Euro
€	bis 20 Euro

Die Preise gelten pro Person für ein Hauptgericht ohne Getränke

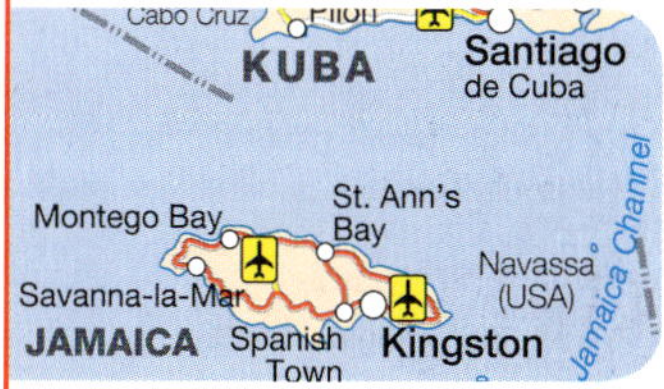

GUT ZU WISSEN

Geschichtstabelle → S. 14
Spezialitäten → S. 28
Bücher & Filme → S. 44
Bésbol → S. 46
Ausflug nach Haiti → S. 70
Conchs → S. 99
Währungsrechner → S. 134
Was kostet wie viel? → S. 135
Wetter → S. 136

KARTEN IM BAND
(148 A1) Seitenzahlen und Koordinaten verweisen auf den Reiseatlas
(0) Ort/Adresse liegt außerhalb des Kartenausschnitts Es sind auch die Objekte mit Koordinaten versehen, die nicht im Reiseatlas stehen
(U A1) Koordinaten für die Karten von Havanna und Santo Domingo im hinteren Umschlag

(*A–B 2–3*) verweist auf die herausnehmbare Faltkarte
(*a–b 2–3*) verweist auf die Zusatzkarten auf der Faltkarte

UMSCHLAG VORN:
Die wichtigsten Highlights

UMSCHLAG HINTEN:
Stadtpläne von Havanna und Santo Domingo

Die besten MARCO POLO Insider-Tipps

Von allen Insider-Tipps finden Sie hier die 15 besten

INSIDER TIPP **Gediegene Atmosphäre**
In der eleganten Lounge der *Casa Granda* in Santiago de Cuba haben schon berühmte Leute ihren Drink zu sich genommen – tun Sie es ihnen gleich! → S. 45

INSIDER TIPP **Bare Münze**
Einst ruhten sie in Schatztruhen versunkener Schiffe, heute sind sie begehrte Souvenirs: In Georgetown auf Grand Cayman werden echte *„Piratenmünzen"* verkauft → S. 51

INSIDER TIPP **Klebrig süßer Mix**
Kokosnuss, Milch, Vanille und Zucker im Palmenblatt: *Cucurucho*, serviert am Strand von Baracoa auf Kuba → S. 45

INSIDER TIPP **Zu Besuch bei den Maroons**
Sie leben noch immer zurückgezogen in den Bergen Jamaikas: die Nachfahren der entflohenen, afrikanischen Sklaven in *Accompong* → S. 60

INSIDER TIPP **Neoklassizismus und Art-déco**
Das historische Städtchen *San Germán* auf Puerto Rico ist ein wahres Juwel spanischer Baukunst (Foto o.) → S. 84

INSIDER TIPP **Son und Salsa**
Beschwingte Livemusik von bekannten Bands auf der Bühne der *Casa de la Música* in Kubas Hauptstadt Havanna → S. 41

INSIDER TIPP **Verwunschener Farnwald**
Der *Fern Gully* windet sich von Ocho Rios aus die Berge hinauf. Auf dem Straßenabschnitt findet sich eine Vielzahl der über 550 Farnarten Jamaikas: von winzig bis baumhoch → S. 62

INSIDER TIPP **Tanzen zwischen Stalaktiten**
Die Tropfsteinhöhle *Las Cuevas* auf einem Hügel vor dem kubanischen Kulturerbe-Städtchen Trinidad wurde in eine stimmungsvolle Disko umgewandelt → S. 38

INSIDER TIPP Voodoo-Bilder und Skulpturen

Die *Haitian Caraibes Art Gallery* im dominikanischen Las Terrenas bietet eine gute Auswahl an außergewöhnlichem Kunsthandwerk – und sogar eine hauseigene Zigarrenmarke → S. 76

INSIDER TIPP Mofongo mit Blick

Im *Adrian Tropical*, das am Malecón der dominikanischen Hauptstadt Santo Domingo liegt, treffen sich die Einheimischen zum höchstwahrscheinlich besten *Mofongo* der Insel → S. 79

INSIDER TIPP Brunch gefällig?

Das reizende Cottage-Hotel *Strawberry Hill* in Kingston verwöhnt seine Gäste nach allen Regeln der Kunst; der wundervolle Blick auf die Bucht von Kingston und die jamaikanischen Spezialitäten (wie beispielsweise *saltfish with ackee*) zum Brunch am Wochenende sind ganz besonders lohnenswert → S. 57

INSIDER TIPP Küche mit Bioanspruch

Das Restaurant *Mille Fleurs* des jamaikanischen Hotels Mocking Bird Hill in Port Antonio kocht ausschließlich mit frischen regionalen Zutaten – das schmeckt man! → S. 64

INSIDER TIPP Chinesischer Charme in San Juan

Der rote Essraum des Restaurants *Dragonfly* in Puerto Rico scheint dem Shanghai der 1930er-Jahre zu entstammen → S. 89

INSIDER TIPP Adrenalin garantiert

Auf Long Island auf den Bahamas können Sie im luxuriösen *Stella Maris Resort Club* seit mehr als 30 Jahren zur Haifütterung abtauchen (Foto u.) → S. 100

INSIDER TIPP Strichninbaum und Kokospalmen

Der *botanische Garten von Cienfuegos* bietet über 2000 verschiedene Pflanzenarten, darunter beeindruckend viele Palmen → S. 37

BEST OF ...

TOLLE ORTE ZUM NULLTARIF

Neues entdecken und den Geldbeutel schonen

SPAREN

● *Steife Brise an der Nordküste Jamaikas*

Wer im *Sandals Royal Plantation* sein Zimmer für mindestens sechs Tage bucht, kann umsonst an Segelausflügen mit dem Catamaran um Ocho Rios herum teilnehmen → S. 63

● *Kunst mit Vino*

An jedem ersten Dienstag im Monat haben *20 Kunstgalerien in der Altstadt von San Juan*, Puerto Rico, ihre Türen gratis bis spät nachts geöffnet. Wein gibt's dazu kostenlos → S. 90

● *Staunen über Atlantis*

Sie müssen nicht im Resort *Atlantis Paradise Island* von Nassau auf den Bahamas wohnen, um die größte Ferienanlage der ganzen Karibik zu genießen. Lobbys, Lagunen und einige Bereiche des hauseigenen Aquariums können kostenlos besichtigt werden → S. 104

● *Einladung in der Kathedrale des Rums*

Das *Bacardi Visitor Center* in Puerto Rico können Sie umsonst besichtigen. Zum Schluss der informativen Führung gibt es zwei Rumdrinks auf Kosten des Hauses (Foto)! → S. 90

● *Bésbol pur*

Den Volkssport der Kubaner können Sie oft umsonst in der *Esquina Callente* in Havanna erleben → S. 46

● *Piratennest zum Anfassen*

Die Erkundung der alten Seeräuberfestung *Port Royal* auf Jamaika ist kostenlos. Hier kann man sich bildlich vorstellen, wie Henry Morgan und andere Bösewichte ihr Unwesen getrieben haben ... → S. 58

● *Merengue satt*

Im August können Sie auf dem *Merengue Festival* in Santo Domingo am autogesperrten Malecón die heißesten Tanzkünste gratis beobachten und natürlich mittanzen → S. 129

●●●● Diese Punkte zeichnen in den folgenden Kapiteln die Best-of-Hinweise aus

TYPISCH KARIBIK

Das erleben Sie nur hier

Oldtimer in Havanna

Die Taxifirma *Gran Car* chauffiert Sie in alten amerikanischen Straßenkreuzern zur gemütlichen Sightseeingtour durch die Hauptstadt Kubas (Foto) → S. 39

Halbedles von der Nordküste

Bernstein ist die Schmuckattraktion der Dominikanischen Republik. Ein Besuch im *Museo del Ámbar* in Puerto Plata lässt auch Erwachsenenaugen glänzen ... → S. 70

Zimmer zur Untermiete

In Kuba kann man für wenig Geld sogenannte *Casas Particulares* mieten, Zimmer oder Apartments mit Familienanschluss in einem authentischen kubanischen Haushalt → S. 43

Süßer Absacker

Der Kokosnuss-Rum-Cocktail *Piña Colada* ist Puerto Ricos Nationalgetränk. Besonders gut können Sie ihn in der Bar *El Farolito* in Old San Juan genießen → S. 90

Der beste Rum der Welt?

Jamaikas *Appleton Rum*, der schon seit dem 18. Jh. im Siloah Valley destilliert wird, hat begründeten Anspruch darauf. Und: je älter der Jahrgang, desto besser der Rum → S. 61

Rochen kraulen

Die Attraktion der Cayman Islands ist *Stingray City*, ein Schnorchelgebiet, in dem man mit Rochen schwimmen und schmusen kann. Keine Angst, die Tierchen sind touristenfest! → S. 50

Sause in Montego Bay

Zum *Reggae Sumfest* geht an der Nordküste Jamaikas Mitte Juli fünf Tage lang die Post ab. Hier sind jährlich die Reggae-Stars der ganzen Welt vertreten → S. 129

In rosa Sand aalen

Den feinsten Sand, heißt es, haben die Bahamas. Und der *Pink Sands Beach* auf einer kleinen Insel vor Eleuthera schimmert tatsächlich in pastelligem Pink → S. 97

BEST OF ...

SCHÖN, AUCH WENN ES REGNET

Aktivitäten, die Laune machen

REGEN

- ***Salsa, Merengue oder Samba***
An trüben Tagen hellen von Einheimischen geführte *Tanzkurse* auf Kuba, Puerto Rico oder der Dominikanischen Republik die Stimmung garantiert auf → S. 125

- ***Kunstvolle Verarbeitung***
Beim *Besuch einer Zigarrenfabrik* (z.B. bei Francisco Donatien in Pinar del Río) auf Kuba können Sie sehen, wie Zigarren aus drei verschiedenen Blattlagen gerollt werden, und sich mit der edlen Rauchware zur Genüge eindecken (Foto) → S. 42

- ***Herrenhaus mit düsterer Geschichte***
Im aufwendig renovierten *Rose Hall Great House* bei Montego Bay auf Jamaika soll die grausame Herrin noch immer ruhelos durch die Räume spuken. Regen und Sturm erhöhen den Grusel noch – trauen Sie sich in das Plantagenhaus? → S. 59

- ***Weltkunst in einer kleinen puerto-ricanischen Stadt***
Das *Museo de Arte* in Ponce, ein Meisterwerk moderner Architektur, birgt wertvollste Gemälde und Skulpturen, unter anderem von Rubens, Goya und Gainsborough, auf zwei Galerieebenen → S. 84

- ***Tauchen, ohne nass zu werden***
Das Tier- und Pflanzenleben des Riffs vor den Cayman Islands können Sie täglich sicher und bequem in einem *Unterseeboot* 1000 m unterm Meeresspiegel erkunden → S. 49

- ***Unter Deck zu den Piraten***
Falls die Passatwinde mal Regen bringen, ist in Nassau auf den Bahamas ein spannender Vormittag garantiert: Im Erlebnismuseum *Pirates of Nassau* wurde ein ganzes Freibeuterschiff nachgebaut. Unter Deck warten blutrünstige Storys, Schatzkarten und Säbel der Piraten → S. 127

ENTSPANNT ZURÜCKLEHNEN

Durchatmen, genießen und verwöhnen lassen

ENTSPANNT

Chillen an der Adlerbucht

Lassen Sie sich von Barahona aus an die *Bahía de las Águilas* schippern. Der einsame Traumstrand mit türkisblauem Wasser ist nur per Boot zu erreichen – dadurch ist Ruhe garantiert → S. 68

Sonnengruß, Heldenstellung und herabschauender Hund

Im rustikal gehaltenen *Negril Yoga Centre* auf Jamaika können Sie die gemütliche Atmosphäre genießen und bei einer Yogastunde wieder in sich kehren → S. 61

Mit Delphinen schwimmen

Der nahe Kontakt mit Delphinen, wie er auf mehreren Inseln der Bahamas angeboten wird, berührt viele Menschen sehr stark. Bei *Wildquest* auf Bimini wird aus gefühlsbetontem Schwimmen mit freilebenden Delphinen ein einzigartiges, für manche ein fast spirituelles Erlebnis → S. 96

Das Leben ist ein langer ruhiger Fluss

Auf einem Bambusfloß mit eigenem Chauffeur können Sie den *Rio Grande* bei Port Antonio in Jamaika hinunter gleiten, an einem Drink nippen und mal kurz zum Baden „aussteigen" → S. 64

Entspannung unterm Sternenhimmel

Auf der Dachlounge *Mist* des *Water & Beach Club Hotels* in Puerto Rico können Sie den Tag mit einem der leckeren Cocktails gemütlich ausklingen lassen → S. 18

Spaziergang durch den Palmenhain

Der Bilderbuchstrand von Las Terrenas in der Dominikanische Republik, die sichelförmige *Playa Bonita*, lädt zu einem gemütlichen Bummel am Nachmittag ein (Foto) → S. 76

Mit Skipper und Maat

Lehnen Sie sich zurück und lassen Sie sich vor der Halbinsel *Varadero* im endlosen Blau an palmengesäumten Stränden und Buchten vorbei segeln. Sonne, Brise und frischen Fisch gibt's garantiert → S. 46

AUFTAKT

ENTDECKEN SIE DIE KARIBIK!

Immerwährende Sonne, grün und blau schimmernde Gewässer, weiße Pudersandstrände, mit Zuckerrohr bepflanzte Hügel und dichte Regenwälder – all das haben die größeren Inseln der nördlichen Karibik gemein. Kulturell teilen sich die Großen Antillen in ***mehrere Nationen***: Kuba, die Dominikanische Republik und Puerto Rico sind so spanisch wie die Konquistadoren sie nach ihrer Entdeckung vor 500 Jahren geprägt haben, wenngleich Puerto Rico seit Ende des 19. Jhs. zu den USA gehört. Jamaika und die Cayman Islands zählen zum englischen Sprachraum – ebenso wie die geografisch eigentlich nicht zur Karibik gehörenden Bahamas –, während in Haiti Französisch gesprochen wird.

Für alle Inseln der Großen Antillen wie für die Bahamas hat der ***Tourismus*** eine wichtige wirtschaftliche Bedeutung. Vor allem in Küstennähe gibt es große Hotelanlagen, ganze Urlaubspackages werden mitsamt Flug, Verpflegung und Unterhaltung oft zu Dumpingpreisen angeboten – ein nicht ausschließlich wünschenswerter Trend, der sich aus den USA hierher verbreitet hat. Daneben gibt es aber auch kleine, exklusive Hotels und preisgünstigere Guesthouses. Besonders Segler, Taucher und Surfer, Bergwanderer und Golfspieler werden begeistert sein vom vielfältigen Angebot auf den einzelnen

Bild: Auf der kubanischen Insel Cayo Coco

Inseln. Auch im Wellnessbereich liegen die Antillen voll im Trend. Luxuriöse Packungen und Scrubs, entspannende Massagen, Aromatherapien und nicht zuletzt Yoga und Pilates haben sich ihren Weg in die Spas der besseren Hotels gebahnt. Wer sich für Architektur interessiert, wird die ***Kolonialbauten der Altstädte*** bestaunen, deren etwas heruntergekommene Originalität mit gotischen Rundbögen und maurischen Säulen Sie in die Tage der Eroberer zurückversetzen wird. Auch die Überreste alter ***Zuckerrohrplantagen*** mit ihren einstmals prächtigen Herrenhäusern und Steinmühlen lohnen einen Besuch. Vom ***Piratenfieber*** können Sie sich in den Ruinen von Port Royal, der alten Freibeuterkapitale Jamaikas, mitreißen lassen.

Die Menschen, die auf all diesen Inseln leben, bilden ein ***buntes Völkergemisch***: Hier finden sich die Nachfahren der afrikanischen Sklaven, der Einwanderer aus fast allen Ländern Europas, chinesischer, indischer und arabischer Geschäftsleute, von Süd- und Nordamerikanern und den ersten indianischen Einwohnern der Inseln. Religiöse, soziale, kulturelle oder politische Barrieren sind selten. Vielmehr respektiert man sich, und die Menschen aus ursprünglich unterschiedlichen Kulturen passen sich an, zumindest sprachlich: Der chinesische Händler spricht genauso Patois, die melodiöse Sprache Jamaikas, wie der seine Dreadlocks schüttelnde DJ oder die indische Krankenschwester. Viele Muslime gehen in die Kirche, wenn es keine Moschee gibt: Gottesdienst ist eben Gottesdienst. Gerade auf den englischspra-

Tolerantes Völkergemisch und karibische Lebenslust

ab 1000 v. Chr. Erste Siedler: Arawaken und Kariben aus Südamerika

1492–94 Kolumbus landet 1492 auf Guanahani (vermutlich San Salvador, Bahamas)

1629 Die Bahamas werden von England annektiert und ab 1648 besiedelt

17.–18. Jh. Engländer, Franzosen, Holländer und Dänen machen den Spaniern viele der Großen Antillen streitig

1783 Nach dem amerikanischen Unabhängigkeitskrieg siedeln Loyalisten mit ihren Sklaven auf den Bahamas

Bunte Fassaden, leckere Fischgerichte: Restaurants im dominikanischen Las Terrenas

chigen Inseln ist oft eine ***heitere Frömmigkeit*** anzutreffen. Drohende Moralpredigten des Pastors wechseln sich dort mit gut gelauntem Gospelgesang der Gemeinde ab – eher eine Party als eine ehrfürchtige Andacht. Die beständige ***Brise der Passatwinde*** hält das subtropische Klima der Inseln auf angenehmen 28–29° C. Das hat wohl die ***Lebenslust*** der Menschen aller karibischen Nationen so legendär gemacht: in jeder Lebenslage wird getanzt, Musik gemacht, gelacht und ausgiebig gefeiert.

Kuba (114 524 km²) und Hispaniola (76 484 km²), die Insel, die in Haiti und die Dominikanischen Republik geteilt ist, sind sich landschaftlich ähnlich. Beide Inseln sind geprägt durch eine ***Vielfalt*** aus sanft gewellten Gebirgen, kegelförmigen Bergen, Seen und Wasserfällen, Flussmündungen, Palmenhainen, Reis- und Zuckerrohrfeldern und haben dank ihrer Regenwälder eine ***üppige Vegetation***. In Puerto Rico (8897 km²)

1804
Unabhängigkeit Haitis

1814/15
Verträge von Paris: Kuba, Puerto Rico und der Osten Hispaniolas bleiben spanisch, Jamaika und die Cayman Islands britisch

1834–63
Briten, Franzosen und Holländer heben die Sklaverei auf

1898
Puerto Rico und Kuba gehen von Spanien an die USA

1953–59
Revolution in Kuba und Machtübernahme Fidel Castros

zieht sich die Cordillera Central in einer Berg- und Taltour quer durch die Insel. Entlang ihrem Rücken liegen moosbewachsene Hügel, Urwald breitet sich an manchen Stellen aus, tiefe Schluchten lassen grandiose Blicke auf das Meer zu. Mit dem El Yunque Rain Forest besitzt Puerto Rico den einzigen tropischen Regenwald der USA. Auf den weiten Ebenen im Tal prägen Ananasfelder das Landschaftsbild.

Naturparks liegen hier meist unter Wasser

Jamaikas Hinterland – die Insel ist 10 991 km² groß – wird beherrscht vom zerklüfteten Cockpit Country und von dem großteils bewaldeten Gebirgsmassiv Blue Mountains. ***Zuckerplantagen und Bananenhaine*** ziehen sich entlang der hügeligen Ebenen Richtung Küste. Nur die Cayman Islands (259 km²) und die Inseln der Bahamas (13 939 km²) sind flach und haben ein arides Klima. Hier wachsen Kakteen und Dornsträucher, Mangrovensümpfe säumen die Küsten. Die Naturparks beider Inselfamilien liegen eher unter Wasser: mit ***Sea Parks, Korallenriffen und Schiffswracks***. Das subtropische Klima der Karibik sorgt im Sommer und Herbst für die meisten Niederschläge, obwohl sich die Temperaturen im Vergleich zu denen des Winters kaum ändern. Während dieser ***feuchtwarmen Regenzeit*** streifen immer wieder Hurrikane auf ihrem Weg Richtung Mittel- oder Nordamerika die Inseln. Die Einwohner tragen diese Naturphänomene mit Fassung: „It's just the weather" heißt es dann lakonisch bei einer ***Hurricanewarnung***. Fast routinemäßig werden Fenster und Türen verrammelt, und am Tag nach dem Sturm beginnen sogleich die Aufräumarbeiten. Allerdings steigt seit Jahren der Anteil schwerer Wirbelstürme – vermutlich im Zusammenhang mit der globalen Erwärmung.

Historische Gemeinsamkeiten der Großen Antillen und der Bahamas sind ihre „Entdeckung" im 15. Jh., die Ausrottung ihrer indianischen Bewohner und die Sklavenhaltung, die den Inseln die ***Zuckerproduktion*** ermöglichte. Nachdem ***Kolumbus*** die Inseln in Besitz genommen hatte, blieben sie als Stützpunkte auf der Route zwischen Europa und dem amerikanischen Festland in spanischer Hand. Die reichen Silberfunde in Mittel- und Südamerika mussten in die Alte Welt befördert werden, und die Häfen von Havanna und San Juan boten Schutz vor den Engländern.

Auf Hispaniola fand man Gold, das Glücksritter und Seeräuber anlockte. Schon im 17. Jh. kam Jamaika unter die Herrschaft der englischen Krone. Bei früheren Angriffen der

- **1958–62** Unabhängigkeit Jamaikas
- **1962** Kubakrise zwischen den USA und der UdSSR
- **1973** Unabhängigkeit der Bahamas
- **2008** Fidel Castros Bruder Raúl wird kubanischer Staatschef
- **2010** Eines der weltweit schwersten Erdbeben erschüttert Haiti: Mehr als 1 Mio. Menschen sind betroffen
- **2015** Die USA und Kuba nehmen offiziell diplomatische Beziehungen auf

Engländer war den Spaniern eine Anzahl afrikanischer Sklaven entkommen. Diese ***Maroons*** genannten Flüchtlinge verbargen sich im Landesinneren und führten immer wieder Kleinkriege gegen die Herren der Insel. Noch heute leben ihre Nachfahren im Cockpit Country. Anfang des 19. Jhs. setzte die Blütezeit der Inseln mit dem Zuckerhandel ein. Der immense Reichtum kam freilich nur den Zuckerbaronen, einer kleinen Gruppe von Großgrundbesitzern, zugute. Als in den 1920er-Jahren der Zuckerpreis

Verschnaufpause im Zuckerrohrfeld: ein Rindergespann bei Higüey

weltweit rapide fiel, verbreiteten sich ***Armut und soziale Not***. Auf Kuba und Hispaniola entluden sich die Spannungen in Unruhen, deren Unterdrückung es Diktatoren leicht machte, auf den Präsidentensessel zu kommen. Jamaika entwickelte sich in dieser Zeit zum Auswanderungsland. Viele Jamaikaner gingen nach Großbritannien, dessen Staatsbürgerschaft sie besaßen. Hispaniola ist zur Demokratie zurückgekehrt. Während die Dominikanische Republik mit Erfolg auf Massentourismus setzt, kämpft Haiti noch mit bitterer Armut. Kuba hat sich seines Diktators mit Hilfe der Revolution Fidel Castros entledigt.

Erst seit den 1970er-Jahren haben die Großen Antillen und die Bahamas ihr Potenzial als Reiseziel entdeckt und genutzt. Seitdem boomt der Tourismus und ist für viele der Inseln die Einnahmequelle Nummer eins. ***Packages, Individualreisen und Kreuzfahrten*** stehen bei allen Reiseveranstaltern im Programm, von luxuriös bis low budget. Immer mehr Hotels verpflichten sich zum „grünen Tourismus", der Umwelt, Gesellschaft und Kultur der Region berücksichtigt. Dabei ist Jamaika Vorreiter der Bewegung: „Green Globe" *(www.greenglobe.com)*, eine Organisation, die für ***ökologische Standards*** im Tourismus eintritt, hat der Insel schon für zehn Hotels einen „grünen Globus" verliehen.

IM TREND

1 Ultralounging

Ausgehen Die Lounge des ● *Water & Beach Club Hotels (2 Tartak Street | Isla Verde)* auf Puerto Rico sorgt für Tiefenentspannung unterm Sternenhimmel. Die Signature Cocktails des Mist sind legendär. Serviert werden auch karibische Tapas. Ebenso chic sind die Daybeds des *Aura Beach House (Juan Dolio | Dominikanische Republik)*. Weiße Polster und helles Holz sind hier die pure Kulisse für den Urlaub. Nachts wird es mit vielen Kerzen sehr romantisch.

Chic 'n Irie 2

Mode Farbenfrohe Shirts sind das Markenzeichen des jamaikanischen Labels *Cooya Mia (www.cooya.com) (Foto)*, in dessen Kollektionen sich stets die typischen Rastafarben finden. Was sonst noch los ist auf der Karibikinsel, zeigt sich bei der *Caribbean Fashion Week (www.caribbeanfashionweek.com)*. Selbst auf Kuba lässt sich ein Modeschnäppchen machen. Im *La Maison (Calle 16, 701 | Havanna)* finden regelmäßig Modeschauen statt und geshoppt werden kann natürlich auch.

Ein Spaziergang 3

Unter Wasser Auch ohne Tauchschein können Sie auf Tauchstation gehen. Hinter dem Namen *Aqua-Nautas* steckt ein Tauchhelm, der von der Oberfläche mit Sauerstoff versorgt wird und auch stets mit einer Plattform verbunden bleibt. Nach einer kurzen Einweisung geht es los – mit *SeaVis (Calle Eladia 4 | Dominikanische Republik) (Foto)* oder *Stuart Cove (www.stuartcove.com | Bahamas)*. Dort trägt der Unterwasserspaziergang den Namen „Walk with Sharks". Mit *Divetech (Grand Cayman | www.divetech.com)* überholen Sie auch Raubfische. Der Tauchscooter bringt Sie schnell voran.

Auf den Großen Antillen gibt es viel Neues zu entdecken. Das Spannendste auf diesen Seiten

Schöner schlafen

4

Eco-Resorts In Verzicht müssen sich die Gäste der luxuriösen *Tiamo Lodge (Bahamas | www.tiamoresorts.com)* auf South Andros nicht üben. Die Eco-Lodge generiert ihren Strom nur mit der Sonne, der Ventilator surrt bei Bedarf trotzdem. Auch soziale Verantwortung übernimmt das Hotel und bildet Jugendliche aus der Region aus. An Jamaikas Südküste ist das *Jakes (Treasure Beach | www.jakeshotel.com) (Foto)* die erste Anlaufstelle. Die 26 Zimmer der Unterkunft kommen größtenteils ebenfalls ohne Klimaanlage und Fernseher aus. Wem das noch nicht zum Erholen reicht, der bucht eine Behandlung im traumhaften Spa mit Meerblick. Eine preisgünstigere Alternative ist das *Retreat At Lookout (Bodden Town | Grand Cayman | www.retreat atlookout.com)*, wo sogar das Gemüse selbst angebaut wird. Auf Puerto Rico zieht es die Urlauber in das spektakulär designte und nachhaltige *Hix Island House (Vieques | www.hixislandhouse.com)*.

Schwimmend

5

Aktiv Schwimm- statt Badeurlaub – Langstreckenschwimmen liegt im Trend. Kein Wunder bei ozeanischen Sehenswürdigkeiten wie *Dean's Blue Hole* westlich von Clarence Town *(Bahamas)* oder der *Bioluminescent Bay* vor Vieques *(Puerto Rico)*, wo Millionen von Einzellern das Wasser zum Leuchten bringen. *Swimtrek (www.swimtrek.com)* veranstaltet in der gesamten Karibik mehrtägige Schwimmreisen. Wer lieber zusieht, sollte sich den Flower Sea Swim *(Grand Cayman | www.flowersseaswim.com) (Foto)* vormerken. Bei dem Wettbewerb über eine Meile stürzen sich Schwimmer aller Niveaus in die türkisen Fluten.

FAKTEN, MENSCHEN & NEWS

ARCHITEKTUR

Pastellfarbene Holzhäuschen, die sogenannten „Gingerbreadhouses", finden sich überall in der Karibik, egal ob auf den englisch-, französisch- oder spanischsprachigen Inseln. Daneben gibt es die Prachtbauten der Kolonialherren: Stadtpalazzi im spanischen Stil des 16. und 17. Jhs., mit kunstvoll verzierten Arkaden, Säulen, Balkonen und verwunschenen Innenhöfen, sind vor allem in den Altstädten von Havanna, Santo Domingo und San Juan zu finden. Sehenswert sind auch die Herrenhäuser der Zucker- und Kaffeeplantagen.

DIKTATOREN

In der jüngeren Vergangenheit der Großen Antillen gibt es einige Namen, die den Bewohnern der Inseln noch heute kalte Schauer den Rücken hinunterlaufen lassen. Die Dominikanische Republik, Haiti und Kuba haben unter Diktatoren gelitten, wie sie die Welt nur selten gekannt hat: Fulgencio E. Batista auf Kuba, Rafael Leonidas Trujillo y Molina in der Dominikanischen Republik und die Duvaliers – „Papa Doc" und „Baby Doc" – auf Haiti herrschten über ihre Völker mit Gewalt, Unterdrückung und Folter, ihre Regierungen zeichneten sich durch Korruption und Verschwendung aus. Freiwillig verließen sie den Präsidentenstuhl nie, sie wurden entweder durch Revolutionen aus dem Land gejagt oder fielen Attentaten zum Opfer. Vergessen hat man sie aber bis heute nicht.

Bild: Jah Rastafari! Wandmalerei mit Bob Marley & Co.

Geschichte und Kultur auf den Inseln sind so vielfältig wie die Natur über und unter Wasser – ein paar Begriffe zum Kennenlernen

FAUNA

Die karibischen Inseln und die Bahamas sind Tummelplätze für Vogelkundler, Insektenliebhaber und alle, die sich für die Unterwasserwelt interessieren. Kolibris schwirren von Blüte zu Blüte, in den Wäldern leben seltene Papageienarten (wie die Puerto-Rico-Amazone, der grüne Papagei La Cotica in der Dominikanischen Republik oder der Tocororo auf Kuba). Aber auch Flamingos, Reiher und andere Wasservogelarten kommen in Sumpfgebieten und in Küstennähe vor. Krokodile, Wasserschildkröten und Leguane sind neben Schlangen die am häufigsten vertretenen Reptilien, und Korallenriffe bieten Lebensraum für die unterschiedlichsten Tropenfische. Oft zu beobachten sind auch Wale, Delphine und Manatis (Seekühe). Zu den Landsäugetieren gehören eher die kleineren Spezies wie Fledermäuse, Mungos und Baumratten.

FLORA

In den Regenwäldern der Inseln vulkanischen Ursprungs wachsen tropische

Pflanzen verschiedenster Art. Farne, Bromelien, Palmen, Philodendren, Bambus, Orchideen und Epiphyten – Pflanzen, die auf anderen Pflanzen wachsen, sich aber selbstständig ernähren – sind nur einige der immergrünen Vertreter. In den Gärten und Parks blühen je nach Saison leuchtend rote Flamboyantbäume, gelbe und violette Bougainvilleen, Frangipani (Westindischer Jasmin) und Hibiskus. In der Landwirtschaft werden Nutzpflanzen wie Bananen, Kaffee, Kakao, Brotfrucht, Mango, Zuckerrohr und Ananas angebaut sowie alle erdenklichen Gewürze (Muskat, Ingwer, Nelken, Zimt, Chili, Tamarinde u. a.). Auf den Cayman Islands finden sich unter anderem Mahagonibäume, Bromelien und verschiedene Orchideenarten.

HAITI

Haiti gehört zu den ärmsten Ländern der westlichen Hemisphäre. 75 Prozent aller Menschen dort leben unter der absoluten Armutsgrenze. Nicht nur politische Unruhen, bei denen Korruption, Angst und Gewalt im Vordergrund stehen, auch die klimatischen Bedingungen (zwei Regenzeiten im Jahr, Hurrikane, Erdbeben) ermöglichen der Landbevölkerung kaum ein Überleben. Im Januar 2010 ereignete sich auf Haiti ein schweres Erdbeben, das die Krisenregion an den Rand des völligen Zusammenbruchs brachte. Weder die Politik, noch der Katastrophenschutz oder das Gesundheitssystem waren auf einen solchen Fall vorbereitet. Zwar begannen bereits kurz nach dem Beben internationale Hilfsmaßnahmen. Doch ein Touristenziel wird Haiti auf lange Zeit nicht sein. Es wird aus diesem Grund im Regionenteil dieses Reiseführers nicht beschrieben.

HAMACA

So lautet die indianische Bezeichnung für eine Hängematte, die zwischen zwei Bäumen aufgehängt wird. Der indianische Name ist mit dem Gegenstand zusammen von Seeleuten nach Europa gebracht worden, im Englischen ist daraus hammock geworden. Die Deutschen haben daraus das nahe liegende Wort „Hängematte" gemacht, so dass der Ursprung kaum noch zu erahnen ist.

INDIANER

Indianer heißen sie nur aufgrund eines Missverständnisses. Kolumbus, der einen westlichen Seeweg nach Indien suchte, glaubte in den karibischen Inseln einen Indien vorgelagerten Archipel entdeckt zu haben. Folgerichtig mussten die Bewohner der Inseln Inder sein. Noch heute haben Engländer und Amerikaner keine unterschiedlichen Bezeichnungen für die Bewohner Indiens und die Ureinwohner der Neuen Welt, weshalb sie zu der Verdeutlichung „Red Indians" für die Prärieindianer genötigt sind. Die Indianer, die Kolumbus und seine Nachfolger auf den Inseln der Großen Antillen vorfanden, waren aus Südamerika über die Inseln der Kleinen Antillen eingewandert. Siboney, Arawaken und zu deren Stamm gehörende Taino wurden von den Spaniern gnadenlos als Heiden verfolgt, versklavt und in den Minen und auf den Plantagen als Zwangsarbeiter missbraucht. Da sie zudem kaum über Widerstandskräfte gegen die eingeschleppten europäischen Krankheiten verfügten, starben sie bald, und ihr Bevölkerungsanteil auf den Inseln verringerte sich stark.

JESUITEN

Die Jesuiten waren bis zum Verbot ihres Ordens im 18. Jh. in den spanischen Kolonien eine wichtige gesellschaftliche Institution. Ihnen oblag nicht nur die geistliche Betreuung der Kolonisatoren

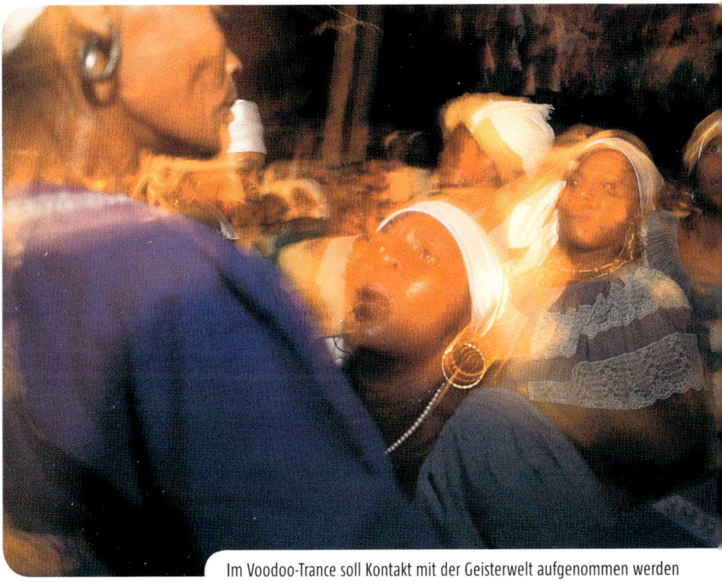

Im Voodoo-Trance soll Kontakt mit der Geisterwelt aufgenommen werden

wurden sie vom Washingtoner Artenschutzabkommen unter Naturschutz gestellt.

VOODOO

Wie auf fast allen Inseln der Karibik haben sich auch auf den Großen Antillen afroamerikanische Religionen herausgebildet. In ihnen ist der Geisterglaube der afrikanischen Sklaven eine enge Verbindung mit dem Christentum eingegangen. Am bekanntesten ist die haitianische Form, die als Voodoo oder Vaudau bezeichnet wird. Bei allen Formen ist der Glaube an mächtige Geister verbreitet, verbunden mit der Hoffnung, diese durch die Fürsprache eines Zauberkundigen zu eigenen Gunsten zu beeinflussen. Diese Geister tragen sowohl Züge afrikanischer Gottheiten als auch die christlicher Heiliger, der Madonna oder der Erzengel. Als normaler Tourist wird man kaum Gelegenheit haben, den echten Riten dieser Religionen beizuwohnen, die von Tieropfern und Trancezuständen begleitet werden.

ZUCKER

Der Zucker regierte für lange Zeit das politische und soziale Leben auf den Großen Antillen. Die Inhaber der großen Plantagen lebten meist in ihren Heimatländern und ließen ihre Besitztümer von Verwaltern führen. Die Gesetzgebung aber kam aus Spanien, England oder Frankreich und hatte mit den Bedürfnissen der Plantagenarbeiter oft wenig gemein. Reichtum und Macht lagen in den Händen weniger Familien, geschaffen von afrikanischen Sklaven, deren Gesundheit und oft genug Leben dem Luxus ihrer Herrschaften zum Opfer fiel. Erst der Anbau von Zuckerrüben in Europa brachte dem Plantagenwesen in der Karibik, und damit auch der Sklaverei, den Niedergang.

ESSEN & TRINKEN

Essen auf den Großen Antillen, das birgt in sich Gegensätze, wie sie sich größer kaum denken lassen.

So unterschiedlich wie Ihre Bewohner, so unterschiedlich sind auch Rezepte und Zutaten der karibischen Küche. Grundlage für alle Inseln bietet natürlich das Meer. ***Frischen Fisch und Meeresfrüchte*** findet man in jedem Haushalt und auf allen Speisekarten. Ebenso ist die üppige Vegetation der Inseln Basis für ***frisches Obst und Gemüse*** in allen Variationen. Wenn Sie die Gelegenheit haben, einheimisches Rind-, Ziegenfleisch oder Hähnchen zu probieren, werden Sie den Unterschied im Geschmack und in der Konsistenz zu industriell verarbeitetem Fleisch bemerken. Hinzu kommen frische Kräuter und Gewürze aus allen Küchen der Welt. Alle Einwanderer der Karibik haben Elemente aus ihrer Kultur mitgebracht: scharf gewürzte Currys, Pökelfleisch oder Stockfisch, Teigtaschen mit Füllung, honigglasierte Grillhähnchen, ja inzwischen halten sogar Satéspießchen, Gazpacho, Sushi und Tapas Einzug auf den Speisekarten vieler Restaurants. Daneben gibt es natürlich auch ***Fastfood*** amerikanischer Herkunft: auf allen Inseln (bis auf Kuba) findet man Burger King, Wendys oder McDonald's-Filialen. Die ***kreolische Küche*** jedoch ist ein kulinarisches Erlebnis und auf allen Inseln ähnlich. Wenn Sie Langusten und Garnelen, Thunfisch und Brassen schätzen: Fisch und Meeresgetier, frisch gefangen, stehen fast immer auf der Speisekarte. Und als Beilagen gibt es tropische

Inspiriert von vielen unterschiedlichen Kochtraditionen, steht vor allem frischer Fisch auf den Speisekarten der Karibikinseln

Gemüse- und Obstarten, die zu Hause oft überhaupt nicht oder nur zu hohen Preisen erhältlich sind, wie Kochbanane und Brotfrucht, Cassava und Yams. Und mit den ***Gewürzen*** geht es weiter: Auf den Großen Antillen wird ***gern scharf*** gegessen und kräftig gewürzt, in vielen Gerichten findet man Zwiebeln, Chili, Knoblauch, Paprika, Ingwer, Muskat oder Piment.

Und dennoch unterscheiden sich die Inseln in ihrer Küche voneinander. Das kommt sehr gut bei den beliebtesten Gerichten zum Ausdruck, die von Insel zu Insel verschieden sind. Die Küchen Puerto Ricos, der Dominikanischen Republik und Kubas weisen mehr Gemeinsamkeiten auf – hier zeigt sich ***das spanische Erbe***. Beliebte kubanische Gerichte sind *moros y cristianos* (Mohren und Christen), ein Reisgemisch mit Bohnen, und der Rinderhackbraten *picadillo.* Jamaikas „Nationalgerichte" sind *jerk chicken* oder *jerk pork, saltfish with ackee* und, für zwischendurch, *patties.* In der Dominikanischen Republik empfehlen sich der Ein-

SPEZIALITÄTEN

ajiaco – Fleischstew mit Süßkartoffeln und anderem Gemüse
asopao – Reisgericht mit Fleisch, Fisch oder Meeresfrüchten
bacalao – getrockneter und gesalzener Kabeljau (Stockfisch)
la bandera – Reiseintopf mit Bohnen und geschmortem Fleisch
boil fish – Fischsuppe mit Pökelfleisch, Zwiebeln und Chilis
cerdo asado – geröstetes Schweinefleisch, oft mit Orangensauce
chicharrones – frittierte Schweineteile mit grüner Banane
clam/seafood chowder – sämige Muschel-/Fischsuppe
coco rallado – in Sirup geraspelte Kokosnuss, mit Käse serviert
conch fritters – kross gebratene, scharf gewürzte Streifen der bahamaischen Meeresschnecken (als Vorspeise)
duckunoo – Süßspeise mit Kokosnuss und Gewürzen
empanadillas – Teigtaschen, mit Meeresfrüchten oder mit Rindfleisch gefüllt (Foto li.)
escoveich fish – sautierter Fisch in einer säuerlichen Sauce aus Gemüse, Gewürzen und Essig
fish tee – Fischsuppe
jerk chicken/jerk pork – scharf gewürztes, gegrilltes Hähnchen- oder Schweinefleisch (Foto re.)
johnny cake – ausgebackenes Teiggebäck (als Beilage); auf den Bahamas: süßes Maisbrot
locrio – Reisgericht mit Fleisch und Gemüse
mofongo abreu – Bananenbällchen in Hühnerbrühe
patty – mit gewürztem Hackfleisch oder Fisch gefüllte Teigtasche
pescado con coco – Fisch in Kokosmilch
picadillo – Rinderhack mit Knoblauch, Zwiebeln, Tomaten und Wein
potaje – Suppe aus Bohnen, Knoblauch, Kräutern und Gewürzen
ropa vieja – faseriges Rindfleisch in würziger Sauce und Reis
rundown – in Kokosmilch gegartes, kräftig gewürztes Fischgericht
saltfish with ackee – Stockfisch mit nach Rührei schmeckendem Gemüse
sancocho – Fleisch-Gemüse-Eintopf mit Kartoffeln und Mais
sofrito – Schweinepökelfleisch mit Gemüse, Gewürzen und Schinken
souse – eine Art Blutwurst mit einer Sauce aus Zitronensaft, Gurke und Paprika

topf *sancocho* und das Reisgericht *la bandera.* Auf Puerto Rico ist das risottoartige *asopao* ein Muss, Snacks sind *empanadillas* und die an *patties* erinnernden *tacos.* Auf den Cayman Islands gibt es eine Farm, in der Schildkröten kommerziell gezüchtet werden – auf einheimischen Speisekarten wird ihr Fleisch als Suppe oder Steak angeboten.

Auf den Bahamas ist von der Vielfalt der kreolischen Küche nichts zu merken: Hier wird ***einfach und bodenständig*** gekocht – vieles bedauerlicherweise auch frittiert – und der Fisch zu Suppe verarbeitet. Doch keine Angst, in Nassau, Freeport und in allen besseren Resortanlagen kommt internationale Küche auf den Tisch, oft mit tropischen Früchten und karibischen Gewürzen verfeinert. Wer Süßes liebt, sollte *guava duff* (Pudding aus Guaven mit Rumsauce) oder *coconut jimmy* (süße Klöße in Kokossauce) bestellen.

In der Dominikanischen Republik werden als ***Dessert*** gerne *chacá*, eine Süßspeise aus Kokosnuss, Mais, Milch, Zucker und Zimt, oder *habichuelas con dulce*, ein süßer Nachtisch aus Bohnen, gegessen. Auf Kuba liebt man *flan de huevos*, eine Art Creme Caramel, oder *coco rallado*, in Sirup geraspelte Kokosnuss, oft mit Käse serviert. In Puerto Rico isst man ebenfalls gern *flan*, hier mit tropischen Früchten, außerdem stehen sättigende Kuchen mit Banane und Kokosnuss auf der Dessertkarte. Auf Jamaika lässt man sich Rum-Kuchen schmecken und zu Weihnachten gibt es *matrimony*, ein Fruchtsalat mit Star Apple.

Die ***Getränkewahl*** auf den Großen Antillen ist vom Klima bestimmt. Fruchtsäfte sind tagsüber gute Durstlöscher, Mineralwasser ist nicht immer zu haben. Eisgekühltes einheimisches oder importiertes Bier dagegen ist überall erhältlich. Das jamaikanische *Red Stripe* gehört für viele Europäer zu den Lieblingsbieren. In besseren Restaurants und Hotels bekommen Sie nicht nur trinkbare italienische und französische Landweine, sondern mitunter Spitzenerzeugnisse europäischer oder kalifornischer Anbaugebiete. Auf den Bahamas können Sie sich mit *Kalik Beer* erfrischen – oder mit *Bahama Mama,* einem Mixdrink aus Kokosschnaps, Ananas- und Orangensaft sowie Grenadine und Nassau Royale.

Mojito: einer der vielen Rum-Cocktails

Auf allen Inseln der Großen Antillen gibt es eigene ***Rumsorten***. Der jüngere, weiße Rum ist die ideale Grundlage für Cocktails aller Art. Einige der großen klassischen Cocktails werden auf der Basis von karibischem Rum gemischt (und karibisch heißt in diesem Fall meist kubanisch oder puertoricanisch): Daiquiri, Mojito, Planter's Punch, Mai Tai oder Cuba Libre. Aber auch der ältere, braune Rum ist eine Delikatesse: Den *Añejo*, den „Alten", wie er meist genannt wird, sollten Sie auf jeden Fall einmal pur probieren.

EINKAUFEN

Auf den Großen Antillen zählen als Mitbringsel an erster Stelle zwei Genussmittel: Tabak und Rum. Aber es gibt noch viele andere schöne Souvenirs. Zum Beispiel sind in Puerto Rico Hängematten – sogenannte *hamacas* – in allen Farben und Variationen erhältlich. Und der Vielfalt der T-Shirts mit Aufdruck sind auf allen karibischen Inseln keine Grenzen gesetzt.

MÄRKTE

In Jamaika kann man auf den sogenannten *Craft Markets* fündig werden. Holzschnitzereien, Rasta-Outfits wie Häkelmützen in Rot-Gelb-Grün, aber auch Kaffee, Gewürze, Saucen und Chutneys sind beliebte Souvenirs. *Straw Markets* sind auf den Bahamas die traditionellen Verkaufsstellen für heimische Produkte: Gewürze, aus Stroh oder Palmblättern geflochtene Hüte und Taschen, Keramik und anderes Kunsthandwerk wird an einzelnen Ständen angeboten. Handeln ist hier Pflicht. Und mit etwas Einsatz bekommen Sie günstig einen originalen Bahamas-Strohhut, der Ihnen schon im Urlaub gute Dienste tun wird. Ebenfalls hübsch sind die originellen, fröhlichen Sommerkleider aus Batikstoffen, die überwiegend auf der Insel Andros hergestellt werden.

MUSIK

Auf allen Inseln werden Musik-CDs der jeweils angesagten Stars angeboten. In Jamaika sind es Dancehall, Reggae und Raggamuffin. Im Original z. B. von Damien Marley, Bounty Killer oder Lady Saw, beliebt sind auch von DJs zusammengemixte Sound-Selections. In der Dominikanischen Republik lohnen Merengue und Bachata sowie Aufnahmen von Juan Luis Guerra und Luis Segura einen Blick in die Plattenläden. Die heißesten kubanischen Rhythmen werden derzeit von Adalberto Alvarés produziert, und Puerto Rico bietet mit Tego Calderon und Daddy Yankee Rap und Reggae vom Feinsten. CDs werden überall verkauft, nicht nur in Musikläden. Jeder Souvenirladen hat ein Angebot an angesagten Scheiben, oftmals natürlich Raubkopien, deren Qualität meist nur mäßig ist.

RUM

„And the rum is fine any time of year": Jede Insel hat ihre eigenen, mehr oder

Ob Rum, Kaffee oder Zigarren, Reggae, Strohhüte oder doch eine Hängematte – Sie finden sicherlich ein Souvenir für zu Hause

weniger bekannten Marken. Aus Puerto Rico stammt der Bacardi, aus der Dominikanischen Republik der Brugal, aus Kuba kommt der Havanna Club, auf Jamaika wird Myer's gebrannt, aber immer gibt es daneben unbekannte Destillate, die ein Probetrinken reich belohnen.

SCHMUCK & MÜNZEN

In der Dominikanischen Republik lohnt sich ein Blick in die Schmuckgeschäfte, um sich Bernstein- und Larimarfassungen anzusehen. Auf den Cayman Islands können Sie aus Schiffswracks geborgene INSIDER TIPP Gold- und Silbermünzen (zumeist echt und mit Zertifikat) erstehen.

ZIGARREN

Kuba ist die Heimat der weltberühmten Havannazigarren. Zwar sagen manche Kenner dem kommunistischen Regime nach, die Qualität der kubanischen Zigarren habe sehr nachgelassen, aber es gibt auch Zigarrenfreunde, die behaupten, selbst schlechtere Havannas seien immer noch bessere Tabakwaren als alle anderen. Wie dem auch sei, Zigarrenraucher oder ihre Freunde wären schlecht beraten, die Insel zu verlassen, ohne mindestens eine Zedernholzkiste mit Montecristos oder Cohibas im Gepäck zu haben. Aber auch auf Jamaika und in der Dominikanischen Republik werden beachtliche Zigarren gerollt. Und die Marken dieser beiden Inseln zeichnen sich durch ein Preisniveau aus, das noch unter dem Kubas liegt.

WAS SIE NICHT KAUFEN SOLLTEN

Vorsicht ist beim Erwerb von Korallen und Conchs, den bahamaischen Meeresschnecken, geboten: Sie unterliegen dem Washingtoner Artenschutzabkommen und dürfen nicht nach Europa eingeführt werden.

KUBA

Kuba hat schwere Zeiten durchgemacht. Die Losung des alt gewordenen Fidel Castro, „Sozialismus oder Tod!", trifft bei seinen Landsleuten nicht mehr auf viel Gegenliebe.

Nach dem Zusammenbruch der sozialistischen Staaten Osteuropas und dem Zerfall der Sowjetunion fand sich Fidel Castro als letzter Verteidiger des wahren Glaubens an die Lehren von Marx und Lenin wieder. Als die USA Anfang der 1990er-Jahre ihr Handelsembargo verschärften, erlebte Kuba seine schwerste Krise, Tausende Menschen flohen damals nach Florida. Dabei hatte alles lange Zeit so gut ausgesehen. Nach der Revolution machte Kuba enorme Fortschritte: Die landwirtschaftlichen Erträge wurden gesteigert, gleichzeitig wurde die Industrialisierung vorangetrieben. Am wichtigsten waren der Ausbau des Bildungs- und des Gesundheitswesens – auf diesen Gebieten steht Kuba heute als Vorbild für ganz Lateinamerika da. Sicher hätte das Land diese Leistungen nicht aus eigener Kraft finanzieren können. Dafür sorgte auch die Wirtschaftsblockade der USA, die der natürliche Absatzmarkt für kubanische Produkte gewesen wären. Ohne die Hilfe der UdSSR, die jahrzehntelang ihren Verbündeten massiv förderte, wäre dies alles nicht möglich gewesen.

Mit Unterstützung europäischer Staaten (Spanien, Frankreich, Italien), Kanadas und Mexikos haben Wirtschaft und Handel begonnen, sich zu reformieren und dem Westen zu öffnen. Natürlich hat die schlechte Versorgung der 1990er-Jahre tiefe Spuren hinterlassen, und infolge

Bild: Oldtimer-Taxis warten am Parque Céspedes in Santiago de Cuba auf Kundschaft

Das ehemalige sozialistische Musterland öffnet sich dem Westen – und hat Individual- wie Pauschalurlaubern viel zu bieten

dieser Notlage haben sich Prostitution und Schwarzmarkthandel als einträgliche Devisenquellen erwiesen. In Havanna werden abbruchreife Häuser „besetzt", ganze Großfamilien bewohnen oft ein einziges Zimmer. Schon längst hat der erkrankte Staatschef seinem Bruder Raúl Castro die Amtsgeschäfte übergeben. Seit 2013 gilt für Kubaner offizielle Reisefreiheit. Doch der Run blieb aufgrund teurer Reisepässe bisher weitgehend aus. Seit 2015 unterhalten Kuba und die USA offiziell wieder diplomatische und wirtschaftliche Beziehungen.

Der Tourismus jedenfalls boomt. Kleine Hotels und Privatunterkünfte, Restaurants, Shoppingzentren, Autovermietungen und Tourenvermittler ermöglichen es inzwischen auch Individualreisenden, die Insel zu erkunden. Nationalparks mit Wasserfällen und Seen, tropische Wälder, weiße Strände, sanft ansteigende Berge, eine vielfältige Tier- und Pflanzenwelt – die Insel hält weit mehr bereit, als ein All-Inclusive-Urlaub erahnen lässt.
Ausführlichere Informationen finden Sie im MARCO POLO „Kuba".

Blick an einer Skulpturengruppe vorbei auf die Plaza del Carmen in Camagüey

CAMAGÜEY

(150 A2) (*🕮 E5*) **Die Hauptstadt der gleichnamigen Provinz liegt inmitten der weiten, flachen Zentralebene Kubas, die sich hervorragend zur Rinderzucht und zum Zuckerrohranbau eignet.** Ursprünglich wurde Camagüey (306 000 Ew.) weiter nördlich an der Küste gegründet – dort, wo sich heute noch das wichtige Fischereizentrum Nuevitas befindet –, doch wegen andauernder Piratenüberfälle wurde die Stadt ins Inland verlegt. Aber auch hier fühlten sich die Einwohner nicht sicher, vielleicht auch aufgrund der Erinnerung an die Vergangenheit. Jedenfalls legten sie ihre neue Stadt nach einem labyrinthischen Plan an, sodass ein Wirrwarr von Gassen und Plätzen noch heute das Bild der schönen kolonialen Altstadt bestimmt.

SEHENSWERTES

IGLESIA DE LA SOLEDAD

Die 1775 errichtete Kirche ist einer der herausragenden Sakralbauten auf Kuba. Sehen Sie sich vor allem die barocken Fresken im Inneren an. *Calles República y Ignacio Agramonte*

MUSEO PROVINCIAL IGNACIO AGRAMONTE

In dem ehemaligen Garnisonsgebäude sind historische Objekte und Dokumente ausgestellt. Auch archäologische Funde aus der Indianerzeit sind zu sehen. *Di–Sa 10–18, So 9–13 Uhr | Eintritt 2 CUC | Avda. Los Mártires/Calle Ignacio Sánchez*

PARQUE AGRAMONTE

Die frühere Plaza de las Armas, der Exerzierplatz der Spanier, ist dem Gedenken an Ignacio Agramonte gewidmet. Er war Oberbefehlshaber der kubanischen Revolutionstruppen im Unabhängigkeitskrieg gegen die Spanier. In der Mitte des Platzes steht das Reiterstandbild des in Camagüey geborenen Agramonte. Die riesigen tönernen Amphoren, in denen die Einwohner der Stadt früher Regenwasser sammelten, heißen *tinajón*.

INSIDER TIPP TEATRO PRINCIPAL
Ein gutes Beispiel für die kubanische Architektur des 19. Jhs. ist das aus Marmor gebaute Stadttheater (1850). Das große Bogenfenster mit den bunten Glasscheiben lässt die Lobby tagsüber in allen Regenbogenfarben erstrahlen. *Calle Padre Valencia*

ESSEN & TRINKEN

LA CAMPANA DE TOLEDO
Spanisch-kreolische Spezialitäten in einem stilvoll eingerichteten Innenhof. Livemusik. *Plaza San Juan de Dios | Tel. 032 28 68 12 | €€*

AM ABEND

Jeden Samstagabend gibt es eine *Noche Camagüeyana* entlang der *República* mit Straßenständen und Musik.

ÜBERNACHTEN

GRAN HOTEL CAMAGÜEY
Das Haus wurde getreu seinem kolonialen Stil renoviert. Das Restaurant im obersten Stock ist sehr gut. Mit Swimmingpool. *72 Zi. | Calle Maceo 67 | Tel. 032 29 20 93 | www.hotel-gran.com | €*

AUSKUNFT

INFOTUR
Aeropuerto Internacional Ignacio Agramonte 448 | Avda. Finley | Tel. 032 26 58 05

ZIEL IN DER UMGEBUNG

PLAYA SANTA LUCÍA (150 A2) *(E4)*
Ca. 100 km nordöstlich von Camagüey liegt ein 21 km langer, weißer Strand mit türkisfarbenem Wasser. Sein vorgelagertes Korallenriff ist ein wahres Taucher-

MARCO POLO HIGHLIGHTS

★ **Palacio de Valle**
In Cienfuegos: ausgezeichnete Küche im arabisch beeinflussten Ambiente eines Herrenhauses → S. 36

★ **Trinidad**
Die Museumsstadt Kubas mit kolonialzeitlichen Stadtpalästen und ruhigen Gassen → S. 38

★ **Altstadt von Havanna**
Ein Streifzug durch vergangene Zeiten → S. 38

★ **Museo Hemingway**
So hat Hemingway in Havanna gelebt → S. 40

★ **Centro Cultural Antiguos Almacenes**
Großer Kunsthandwerksmarkt in einem alten Lagerhaus in Habana Vieja → S. 40

★ **Tropicana**
Glamouröse Revuen wie im alten Hollywood → S. 41

★ **Casa de Velázquez**
Kolonialmuseum aus dem 16. Jh. in Santiago de Cuba → S. 43

★ **Playa de Varadero**
Karibischer Traumstrand auf einer Halbinsel → S. 46

paradies. Nur eine handvoll Hotels säumen die Bucht mit der anschließenden Halbinsel. Eine Tauchschule mit dem etwas verstörend klingenden Namen INSIDER TIPP *Shark's Friends Diving Centre (30–40 CUC | Tel. 032 36 51 82 | www.cuba-diving.de)* hat sich der Hotelanlage *Brisas Santa Lucía* angeschlossen. Tatsächlich hat man sich auf das Tauchen mit und Füttern von Haien spezialisiert *(70 CUC)*.

CIENFUEGOS

(149 D4) *(D4)* **Cienfuegos (165 000 Ew.), die Stadt der „hundert Feuer", ist einer der wichtigen Industriestandorte an der Südküste Kubas.**

Hier haben sich die von Fidel Castro eingeleiteten Entwicklungen am deutlichsten ausgewirkt, mit allen Vor- und Nachteilen einer forcierten Industrialisierung. So ist die Stadt heute der größte Zuckerverladehafen der Welt, hier wurden Raffinerien angesiedelt und ein Atomkraftwerk gebaut. Dennoch hat Cienfuegos seinen eigenen Charme, den wohl nur die Kombination von Industrie, Sozialismus, lateinamerikanischem Temperament und karibischer Sonne hervorbringen kann.

SEHENSWERTES

PARQUE MARTÍ

Der Park mit einem beeindruckenden Denkmal zur Gründung der Republik Kuba ist der eigentliche Mittelpunkt der Stadt.

TEATRO TERRY

Das 1889 entstandene und 1965 renovierte, neoklassizistische Theater ist das interessanteste Gebäude Cienfuegos. 1200 Besucher finden hier Platz. *Tgl. 9–16 Uhr | Eintritt 2 CUC | Avda. 56*

ESSEN & TRINKEN

INSIDER TIPP CLUB CIENFUEGOS

Das Kolonialgebäude von 1920 wurde renoviert und erstrahlt in blütenweißer Pracht. Im Restaurant werden internationale Spezialitäten serviert, von der Terrasse aus blickt man weit über die Bucht. *Paseo del Prado | Tel. 043 51 28 91 | €€€*

PALACIO DE VALLE ★

Arabische Architektureinflüsse in einem Herrenhaus aus dem 19. Jh. Die hervorragende Küche ist auf Meeresfrüchte (u. a. Hummer, Paella, verschiedene Scampivariationen) spezialisiert. *Neben dem Hotel Jagua | Calle 37 | Tel. 043 2 45 12 26 | €–€€*

ÜBERNACHTEN

HOTEL JAGUA (GRAN CARIBE)

Das moderne Hotel mit Meerblick bietet einen Swimmingpool, ein Restaurant, eine Bar, eine Cafeteria und Kabarett. *147 Zi. | Calle 37/Punta Gorda | Tel. 043 55 10 03 | www.gran-caribe.com | €€*

PALACIO AZUL

Am Strand von Punta Gorda gelegenes Stadthotel. Große Zimmer, einige mit Blick aufs Meer. *7 Zi. | Calle 37/Avda. 12 y 14 | Tel. 043 55 58 28 | www.cubanacan.cu | €€*

AUSKUNFT

CUBANACÁN

Avda. 54/Calles 29 y 31 | Tel. 53 43 55 16 80 | www.viajescubanacan.cu

ZIELE IN DER UMGEBUNG

BAHÍA DE COCHINOS (149 D4) *(C4)*

Die rund 100 km westlich von Cienfuegos gelegene Schweinebucht erlangte traurige Berühmtheit als Schauplatz des misslungenen Invasionsversuchs von Exilkubanern im Jahr 1961. Heute ist der Bucht mit ihrem blauen Wasser nichts mehr anzumerken, sie ist ein beliebtes Ausflugsziel. Nur die Allee mit den Gedenksteinen für die Gefallenen und ein kleines Museum erinnern an die blutigen Kämpfe.

GUAMÁ (149 D3) (*🕮 E4*)

Auf der Halbinsel Zapata, ca. 120 km westlich von Cienfuegos, befindet sich ein nachgebildetes Taino-Dorf mit Hütten und Pfahlbauten. Viele der Hütten werden an Urlauber vermietet. Der Ort ist mit dem Boot von der Anlegestelle Guamá zu erreichen. Besuchen Sie die Krokodilfarm, und trauen Sie sich ruhig, das angebotene Krokodilfleisch zu probieren.

INSIDER TIPP JARDÍN BOTÁNICO
(149 D4) (*🕮 D4*)

Über 2000 verschiedene Pflanzenarten – wie z. B. Orchideen, Bambus und Obstbäume – gedeihen auf dem Gelände des ehemaligen Zuckerrohr-Versuchsfeldes ca. 20 km östlich von Cienfuegos. Allein die Zahl der Palmenarten ist beeindruckend. *April–Sept. 9–19, Okt.–März 9–18 Uhr | Eintritt 3,50 Euro | Pepito Tey*

SANTA CLARA (149 E3) (*🕮 D4*)

Der Ort, ca. 50 km nordöstlich von Cienfuegos, wurde 1689 von Einwohnern von Remedios gegründet. Der neue Standort, mitten im Landesinneren, sollte sie vor Überfällen von Piraten schützen und diente jahrhunderte lang als Provinzhauptstadt von Las Villas. Ein bedeutsames, historisches Ereignis hat Santa Clara berühmt gemacht: Hier hat 1958, angeführt von Ché Guevara, der letzte Guerrilla-Angriff stattgefunden, der die Diktatur Batistas beendete. Die „Stadt der heldenhaften Guerrillakämpfer" beheimatet heute das *Conjunto Escultórico Comandante Ernesto Ché Guevara*. Hierher wurden 1997 die sterblichen Überreste des Helden der Revolution aus Bo-

Die Blüte einer Aphelandra im Jardín Botánico von Cienfuegos

livien überführt. Der Komplex umfasst ein Museum mit Fotos und persönlichen Habseligkeiten des Comandante sowie Uniform, Pfeife und Pistolenhalter. Ein riesiges Memorial widmet Ché Guevara eine beeindruckende Bronzestatue, in deren Fundament Bilder des Kampfes gegossen sind. *Di–So 8–17 Uhr | Eintritt frei | Avda. de los Desfiles*

TRINIDAD ★ (149 E4) *(🗺 D4)*
Neben Havannas Altstadt ist Trinidad (36 000 Ew., ca. 60 km südöstlich von Cienfuegos) das schönste Beispiel der kubanischen Kolonialarchitektur mit Stadtpalazzi aus dem 16. Jh., roten Ziegeldächern und Kopfsteinpflasterstraßen. Ein Bummel durch die ruhigen Gassen führt von einem wohlerhaltenen Baudenkmal zum anderen. Besonders sehenswert ist das *Museo Romántico (Di–So 9–17 Uhr | Eintritt 2 CUC | Hernández 52)* mit seiner Sammlung, die altes Porzellan und Glas sowie antike Möbelstücke enthält. Im Restaurant *Colonial (Antonio Maceo 402 | €)* kann man sich bei urigem Lokalkolorit von den vielen Eindrücken ausruhen. Die Eco-Bungalows *Las Cuevas (114 Zi. | Finca Santa Ana | Tel. 041 99 61 33 | €)* liegen an einem Hang über der Stadt. Vom Pool aus sieht man auf die vorgelagerte Bucht. Zum Hotel gehört eine INSIDER TIPP *Höhlendisko (ab 22 Uhr)* – eine Tropfsteinhöhle, die zu einer Merengue-und-Salsa-Bar umfunktioniert wurde.

HAVANNA

KARTE IM HINTEREN UMSCHLAG
(148 C3) *(🗺 B–C3)* **Kubas Hauptstadt (ca. 2,2 Mio. Ew.) war und ist das Zentrum der Insel. Die Stadt – heute: Ciudad de la Habana – hieß früher San Cristóbal de la Habana und war ein bedeutender Warenumschlagplatz und Zwischenstopp für die zwischen Spanien und seinen Kolonien verkehrenden Schiffe, ihr Reichtum war bis weit ins 18. Jh. hinein sprichwörtlich.**

Von den 1920er-Jahren bis zur Revolution 1959 war Havanna das „Sündenbabel" der Karibik. Das Stadtbild ist von der politischen Wende geprägt: Hotels, Restaurants und Souvenirläden schießen förmlich aus dem Boden. Die wegen fehlender Mittel nur zaghaften Modernisierungsversuche haben Havanna das Schicksal erspart, das die meisten westlichen Großstädte ereilte: Es gibt keine Neonbeleuchtungen, keine Fastfoodketten und relativ wenig Autoverkehr – aber viel Nostalgie.

CITY WOHIN ZUERST?
Die **Plaza de la Catedral (U F1–2)** ***(🗺 f1–2)*** in Habana Vieja liegt zentral. Von hier aus schlendern Sie gemütlich zu Plaza Vieja, Plaza de San Francisco und Plaza de Armas, und auch der Malecón ist nicht weit. Da es nicht ratsam ist, in Havanna mit dem Auto zu fahren, gehen Sie lieber zu Fuß oder fahren mit Cubataxi oder Cocotaxi (gelbe, eiförmige Scooter). Der ZOB liegt am Parque de la Fraternidad. Linie T3 der Habana Bus Tour verkehrt für 3 CUC zwischen Parque Central und Plaza de la Revolución.

SEHENSWERTES

ALTSTADT ★
Die gesamte Altstadt Havannas *(Habana Vieja)* zählt zum Weltkulturerbe der Unesco. Zu den wichtigsten Sehenswürdigkeiten gehört das *Castillo de la Real Fuerza ((U F2) (🗺 f2) | Di–Sa 9.30–17 Uhr | Eintritt 3 CUC | La Real*

Viel los auf der bunten Calle Obispo in Havannas Altstadt

Fuerza / Plaza de Armas), das Stadt und Hafen vor Überfällen schützen sollte. Mit seinem Bau wurde 1558 begonnen. Das *Castillo* beherbergt ein Waffenmuseum und trägt auf einem seiner Türme die *Giraldilla* – eine Statue der Ehefrau des Gouverneurs Hernando de Soto –, die zum Wahrzeichen der Stadt geworden ist. Der *Palacio de los Capitanes Generales* ((U F2) (*f2*) / *tgl. 9.30–18.30 Uhr / Eintritt 3 CUC / Tacón 1)* diente früher den spanischen Generalkapitänen, den höchsten Repräsentanten der Kolonialmacht auf Kuba, als Regierungssitz. Eine ähnliche Funktion erfüllte er Anfang des 20. Jhs. auch für die US-amerikanische Besatzungsmacht, danach für verschiedene kubanische Präsidenten und die revolutionäre Stadtregierung von Havanna. Heute ist hier das *Stadtmuseum* untergebracht, das interessante Ausstellungen über die Vergangenheit und Gegenwart der Stadt zeigt. Die Statue im Hof stellt Kolumbus dar.

Der wichtigste Sakralbau der Altstadt ist die *Catedral de San Cristóbal de la Habana* an der Nordseite der *Plaza de la Catedral* (U F1–2) (*f1–2*). Zwar ist sie das Prunkstück des Platzes, ein harmonisches Werk barocker Baukunst, aber die Gebäude an den drei anderen Seiten sind ebenfalls prachtvoll. Mit ● *Gran Car (Tel. 07 8 81 09 92)* können Sie (nicht nur) die Altstadt gemütlich mit einem Vintage-Straßenkreuzer erkunden.

CAPITOLIO NACIONAL

(U E2–3) (*e2–3*)

Dieses Gebäude stammt nicht aus der Kolonialzeit, was man ihm auch deutlich ansieht. Als exakte Nachbildung des Capitols in Washington beherbergte es von seiner Einweihung 1929 bis zur Revolution die Parlamentskammern der kubanischen Volksvertretung. *Tgl. 9–18 Uhr | Eintritt 3 CUC, mit Führung 4 CUC | Prado*

MALECÓN (U B–D1) *(b–d1)*
Die Uferpromenade ist ein beliebtes Ziel für Spaziergänger, Liebespaare und andere Müßiggänger. Im Sommer finden hier die Karnevalsumzüge statt, die vielleicht schönsten in der gesamten Karibik.

MUSEO HEMINGWAY ★ (0) *(0)*
Hemingway bewohnte die Villa bis kurz vor seinem Tod 1961. Seine Möbel, Bücher, Trophäen und Schreibutensilien befinden sich noch an Ort und Stelle. *Mo–Sa 10–17, So 10–13 Uhr | Eintritt 5 CUC | San Francisco de Paula | ca. 17 km südöstlich von Havanna*

MUSEO DE LA REVOLUCIÓN
(U E1–2) *(e1–2)*
Im alten Präsidentenpalast (1920–60) sind Zeugnisse der Castro'schen Revolution ausgestellt, aber auch solche der vorangegangenen Freiheitskämpfe versammelt. Waffen und Dokumente, Karten und Modelle veranschaulichen die Ereignisse der fernen und nahen Vergangenheit. *Tgl. 9–17 Uhr | Eintritt 8 CUC | Calle Refugio*

PLAZA DE LA REVOLUCIÓN (0) *(0)*
Der zentrale Platz des modernen Havanna geht auf Entwürfe zurück, die schon lange vor der Revolution angefertigt worden waren. Seine jetzige Gestalt erhielt er aber erst nach 1959. Mittelpunkt ist das Denkmal für José Martí, den kubanischen Freiheitskämpfer und Nationalhelden: ein fast 150 m hoher Marmorobelisk. Um den Platz gruppieren sich Ministerien und Regierungsgebäude, darunter auch das Innenministerium mit einem gigantischen Ché-Guevara-Porträt. *Avda. Paseo/Rancho Boyeros*

ESSEN & TRINKEN

BODEGUITA DEL MEDIO (U F2) *(f2)*
Der Name verweist auf die für Havanna ungewöhnliche Lage: Das Bar-Restaurant befindet sich in der Mitte eines Blocks statt an einer Straßenecke. Hier hat Hemingway seinen Mojito getrunken. Ein sehr beliebter Treffpunkt mit kubanischer Küche. *Empedrado 207 | Tel. 07 8 67 13 74 | €€€*

EL PATIO (U F2) *(f2)*
Spanischer Palast aus der Kolonialzeit, die Tische stehen im romantischen Innenhof. Die Küche ist modern und leicht, wie beispielsweise Spargel im Prosciuttomantel. *Plaza de la Catedral | San Ignacio 54 | Tel. 07 8 61 85 04 | €€*

EL TOCOROCO (0) *(0)*
Das beste Restaurant Havannas befindet sich in einem alten Herrenhaus mit schöner Terrasse und Garten. Spezialitäten sind Meeresfrüchte, kreolische Kompositionen und Sushi. *Calle 18/Avda. 3 | Tel. 07 2 04 22 09 | €€€*

EINKAUFEN

INSIDER TIPP **CASA DE LA MÚSICA EGREM** (U D2) *(d2)*
Größte Auswahl an CDs, DVDs und MCs in Havanna. *Calles 20 y 35 | Miramar*

CENTRO CULTURAL ANTTIGUOS ALMACENES DE DEPÓSITO SAN JOSÉ ★ (U F3) *(f3)*
In dem liebevoll renovierten Lagerhaus ist Havannas größter Kunsthandwerksmarkt untergebracht. *Avda. Desamparados/San Ignacio | Habana Vieja*

PALACIO DE LA ARTESANÍA (U F1) *(f1)*
Die beste Adresse für kubanisches Kunstgewerbe und Souvenirs. *Calle Cuba 64 | Habana Vieja*

AM ABEND

INSIDER TIPP CASA DE LA MÚSICA
(0) *(🗺 0)*
Hier wird der berühmte kubanische Son gespielt, eine wehmütige und dennoch beschwingt klingende Musik. Bekannte Bands und Tanz in einem schönen alten Stadthaus. *Tgl. 23–3 Uhr | Eintritt 10–25 CUC | Avda. de Italia | Habana Vieja*

INSIDER TIPP FÁBRICA DE ARTE CUBANA (0) *(🗺 0)*
Die alte Fabrikhalle ist Havannas alternative Antwort auf das Tropicana. Hier spielen Bands und Movies. *Calles 26 y 11 | Vedado*

TROPICANA ★ (0) *(🗺 0)*
Auch wenn das Tropicana die Touristenattraktion ersten Ranges in Havanna ist, sollten Sie sich davon nicht abschrecken lassen und dennoch eine Show ansehen. *Di–So 22–1 Uhr | Eintritt und Dreigängemenü ab 75 US$ | Fahrt vom Hotel aus | Calle 72 Marianao | Tel. 07 2 67 17 17 | www.cabaret-tropicana.com*

LA ZORRA Y EL CUERVO
(U B1) *(🗺 b1)*
Verrauchter Jazzclub mit Livemusik der Größen Kubas. Ab 24 Uhr wird es voll. *Tgl. ab 22 Uhr | Eintritt 10 CUC | Calles 23 y O | Vedado*

ÜBERNACHTEN

INSIDER TIPP INGLATERRA
(U E2) *(🗺 e2)*
Renoviertes kolonialzeitliches Gebäude mit viel Atmosphäre. Trinken Sie Ihren Daiquiri in der Hotelbar! *83 Zi. | Paseo del Prado 416 | Habana Vieja | Tel. 07 8 60 85 95 | www.hotelinglaterra-cuba.com* | €€

Glamourös, glitzernd, extravagant: eine Show im Tropicana

NACIONAL DE CUBA (U B1) *(b1)*
Havannas Klassiker liegt am Malecón. Der Blick über Vedado und das Meer ist spektakulär. Elegante Restaurants, Lounges, Gartenbar und ein Cabaret Parisien machen die Grand-Dame aus den 20ern zum ersten Hotel in Havanna. *427 Zi. | Calles 0 y 21 | Vedado | Tel. 07 8 36 35 64 | www.hotelnacionaldecuba.com | €€€*

TRYP HABANA LIBRE (U A2) *(a2)*
Das mit 606 Zimmern größte Hotel der Stadt liegt sehr zentral und hält ein umfangreiches Angebot bereit: Restaurants und Bars, Swimmingpool und Sauna, Kabarett und vieles mehr. *Calles L y 23 | Vedado | Tel. 07 8 34 61 00 | www.meliacuba.com | €€*

AUSKUNFT

INFOTUR (U E2) *(e2)*
Calle 28, 303 | Playa | Tel. 07 2 04 06 24

LOW BUDG€T

Casa 1932: Privatunterkunft und Museum mit Art-déco-Objekten in Havanna. *2 Zi. | 20–35 CUC | Campanario 63 | Tel. 07 8 63 62 03*

Direkt am Strand, mit Terrassenbar und Grill: Im *Hotel Herradura* in Varadero gibt es Zimmer ab 40 CUC. *78 Zi. | Avda. de la Playa 35 y 36 | Tel. 045 61 37 03*

In Havanna können Sie für 5 CUC in der Zeit von 9 bis 21 Uhr drei zentrale Buslinien benutzen und dort jederzeit ein- oder aussteigen (T1, T2, T3). Fahrpläne gibt es bei *Transtur (www.transtur.cu).*

ZIELE IN DER UMGEBUNG

MATANZAS (148 C3) *(C3)*
Die ca. 160 km östlich von Havanna an einer Bucht der Nordküste gelegene Stadt hat rund 150 000 Einwohner. Zahlreiche im spanischen Kolonialstil errichtete Häuser aus dem 17. Jh. verleihen Matanzas eine fast nostalgische Erscheinung. Sehenswert ist die Stadt aber hauptsächlich wegen ihrer Höhlen, der INSIDER TIPP *Cuevas de Bellamar (tgl. 9–17 Uhr | Führung 8 CUC)*. Wandmalereien belegen, dass hier schon vor 1600 Jahren Menschen gelebt haben. Einen Teil des unterirdischen Höhlensystems können Sie zu Fuß erkunden.

PINAR DEL RÍO (148 B3) *(B4)*
Die ca. 190 000 Einwohner zählende Provinzhauptstadt liegt im äußeren Westen der Insel, ungefähr 160 km südwestlich von Havanna. Sie hat ein schönes Zentrum mit meist einstöckigen, pastellfarbenen neoklassizistischen Häusern.
In der *Zigarrenfabrik Francisco Donatien (Mo–Fr 9–16 Uhr | Eintritt 5 CUC | Maceo 157)* werden die besten Zigarren Kubas hergestellt (auch Führungen und Verkauf). Im kolonialen Stil übernachten kann man in den *Villas Aguas Claras (Ctra. de Viñales, km 7 | Tel. 53 48 77 84 26 | €).*

VALLE DE VIÑALES (148 B3) *(B4)*
Der über 20 000 ha große Nationalpark östlich von Havanna ist für seine *Mogotes*, riesige, grün bewachsene Karstformationen, bekannt. Flache, rote Ebenen mit hoch wachsenden Königspalmen bilden dazwischen einen landschaftlichen Kontrast, wiederum durchsetzt mit Mais- und Tabakfeldern. Das Dorf Viñales ist Treffpunkt vieler Kulturfreunde. 1999 wurde es von der Unesco zum Weltkulturerbe erklärt. Hier

haben sich Galerien, ein kleines Museum und ● *Casas Particulares* (Zimmer zur Untermiete in einem kubanischen Haushalt) angesiedelt. Unterkunft: *Villa Las Almendras (2 Zi. | Calle Joaquín Pérez 23 | Tel. 48 69 67 87 | €).*

Fieberepidemien ausbrachen. Trotz dieser ungünstigen Lage entwickelte sich Santiago zu einem blühenden Handelsplatz, zumal es in der Nähe große Kupfervorkommen gab. Anders als in Havanna mit seinen Großgrund-

Der teuerste Tabak der Welt wächst im Valle de Viñales

SANTIAGO DE CUBA

(150 C4) (*Ⓜ F6*) **Die im Südosten der Insel gelegene Stadt (408 000 Ew.) heißt auf Kuba auch „die Wiege der Revolution".**

Von hier ging die bürgerliche Revolution gegen die spanische Kolonialmacht aus, und hier ereignete sich auch mit dem Sturm auf die Moncada-Kaserne der Fanfarenstoß, mit dem Fidel Castro seine Revolution einleitete. Santiago war einst die Hauptstadt Kubas. 1549 wurde der Regierungssitz nach Havanna verlegt. Ein Grund hierfür waren die schlechten klimatischen Bedingungen Santiagos, unter denen immer wieder

besitzern und spanischen Verwaltern prägten in Santiago und seiner Umgebung stets das liberale Bürgertum und die Kleinbauern das politische Klima – daher verwundert es kaum, dass der Nährboden für revolutionäre Bewegungen hier so fruchtbar war. Heute wirkt die zweitgrößte Stadt der Insel wie ein Odeon, in dem fortwährend gesungen, musiziert und getanzt wird.

SEHENSWERTES

CASA DE VELÁZQUEZ ★

Das 1516 errichtete Haus des Konquistadors und Gouverneurs Diego Velázquez ist heute als Kolonialmuseum eingerichtet. Besonders interessant sind die schönen, aus Edelhölzern gefertigten Möbelstücke und die massiven Truhen, die in früheren Zeiten auf Reisen mitgenommen wurden. *Mo–Do 9–17, Sa/So 9–12 Uhr | Eintritt 2 CUC | Parque Céspedes | Calle Lacret*

CATEDRAL

In der Kathedrale ist angeblich der erste Gouverneur Kubas, Diego Velázquez, bestattet. Da das Gotteshaus durch Naturkatastrophen und militärische Beschädigungen stark in Mitleidenschaft gezogen war, wurde es zu Beginn des 19. Jhs. auf den alten Fundamenten neu errichtet. *Parque Céspedes | Calle Lacret*

CEMENTERIO SANTA IFIGENIA

Der Friedhof ist ein Nationaldenkmal und gleicht einer Totenstadt. Hier sind die wohlhabenden Bürger Santiagos in Mausoleen bestattet, die kleinen Villen oder Palästen ähnlicher sind als Grabmälern. Auch José Martí, der Held der Befreiungskriege, liegt hier in einem Mausoleum aus Kalkstein begraben. *Tgl. 8–17 Uhr | Eintritt 1 CUC | im Süden des Distrito Martí*

ESSEN & TRINKEN

INSIDER TIPP SALON TROPICAL

Privat bewirtschaftetes Restaurant mit einem traumhaften Blick von der Dachterrasse über die Stadt. *Fernández Marcané 310/Calles 9 y 10 | Tel. 022 64 11 61 | €*

EL ZUN ZUN

Ein elegantes Restaurant mit interessanter Küche, wie zum Beispiel Lamm mit Knoblauchsauce. *Avda. Manduley 159 | Vista Alegre | Tel. 022 64 15 28 | €*

EINKAUFEN

Die Haupteinkaufsstraßen in Santiago de Cuba sind die *Calle Heredia, José Saco* und *Aguilera*. In der *Calle Heredia* gibt es Kunstgalerien und ein altes Archiv.

AM ABEND

TROPICANA SANTIAGO

Karibisches Kabarett im Stil des legendären Tropicana in Havanna. *Mi–So ab 22*

BÜCHER & FILME

Die Zeit der Schmetterlinge – Roman von Julia Alvarez. Fünf Schwestern rebellieren als Widerstandskämpferinnen in der Dominikanischen Republik zur Zeit Trujillos

Inseln im Strom – Hemingway schildert im ersten Teil einen Angelurlaub auf Bimini – humorvoll und autobiografisch

The Harder They Come – Kultfilm aus den Kingstoner Slums in Jamaika: Aufstieg und Fall des Reggaesängers Jimmy Cliff (1972)

Buena Vista Social Club – Dokumentarfilm von Wim Wenders über die alten kubanischen Herren des Son (1999)

Erdbeer und Schokolade – Kubanische Komödie von Tomás Gutiérrez Alea – ein Plädoyer für Respekt und Toleranz (1993)

James Bond – ... war schon mehrfach auf den Bahamas: mit „Casino Royale", zuvor mit „Sag niemals nie" und „Der Spion, der mich liebte". Die Tauchszenen aus „Feuerball" sind Filmgeschichte

Uhr | Eintritt 35–50 CUC | Calle Trébol | Tel. 022 64 25 79

ÜBERNACHTEN

CASA GRANDA

Das ehemalige Gran Hotel liegt im Stadtzentrum. Sehr schön renoviert, mit INSIDER TIPP eleganter Lounge. *58 Zi. | Parque Céspedes | Tel. 022 68 66 00 | www.gran-caribe.com | €€*

HOTEL MELIÁ SANTIAGO DE CUBA

Marmorböden und Glaswände, sehr guter Service und ein fantastisches Frühstücksbuffet. *302 Zi. | Avda. de Las Américas | Tel. 022 68 70 70 | www.melia.com | €€*

AUSKUNFT

CUBATUR

Calle Plácido | Tel. 022 68 60 27

ZIELE IN DER UMGEBUNG

BARACOA (151 D3) *(🕮 G5)*

Kolumbus setzte 1492 ein Kreuz in die Bucht von Baracoa, das heute in der Kirche *Nuestra Señora* zu besichtigen ist. Baracoa (50 000 Ew.), das vor Santiago drei Jahre lang die Hauptstadt Kubas war, liegt im Osten der Insel und ist umgeben von Regenwald und Bergen. Am Atlantikstrand können Sie einen kleinen Badeurlaub einlegen und INSIDER TIPP *Cucurucho* – eine köstliche Mischung aus Kokosnuss, Milch, Vanille und Zucker in einem Palmenblatt – zu sich nehmen. Mit einem schönen Ausblick wohnen Sie im Hotel *El Castillo (35 Zi. | Calixto García | Loma del Paraíso | Tel. 021 64 51 65 | €). 150 km östl., Zufahrt über die Passstraße La Farola*

EL COBRE (150 C3) *(🕮 F5)*

Der Wohlstand der Stadt Santiago de Cuba beruht zu einem beträchtlichen Teil auf dieser alten Kupfermine. Die Ausläufer der Sierra Maestra, in denen sie liegt, lassen erkennen, dass hier – seit bereits 400 Jahren – Bergbau betrieben wird. Außerdem befindet sich hier eine *Wallfahrtskirche,* die Basilika der kubanischen Schutzpatronin Virgen de la Caridad del Cobre. *20 km nordwestlich von Santiago*

In der prächtigen Wallfahrtskirche von El Cobre

VARADERO

(149 D3) *(🕮 C3)* **Der kleine, östlich von Havanna gelegene Ort (10 000 Ew.) war vor der Revolution ein beliebter Sommersitz wohlhabender Hauptstädter,**

und auch viele Nordamerikaner besaßen hier prachtvolle Villen.
Nach der Revolution wurden die Gebäude als Erholungsheime für Schulkinder und Fabrikarbeiter genutzt, bis sich Kuba dem internationalen Tourismus öffnete und Varadero wieder Ausländern zugänglich machte. Der 12 km lange, palmengesäumte Sandstrand an der Nordküste der Halbinsel gehört zu den schönsten in der Karibik.

SEHENSWERTES

CUEVA DE AMBROSIO

1961 wurden in der Höhle Dutzende von vorkolumbischen indianischen Zeichnungen entdeckt. *Tgl. 9–17 Uhr | Eintritt 3 CUC | zw. Marina Chapelín und Marina Gaviota*

MUSEO MUNICIPAL

Indianische Artefakte und Varaderos Geschichte in einem 1921 erbauten Holzhaus. *Tgl. 10–17 Uhr | Eintritt 1 CUC | Calle 57/Avda. Playa*

BÉSBOL

Ausgerechnet die typisch US-amerikanische Sportart Baseball (kubanisch: *bésbol*) ist zum Volkssport *numero uno* avanciert. Es gibt kaum einen Hinterhof, auf dem nicht mit Bésbolschlägern bewaffnete Jungs versuchen einen, meist selbst gebastelten, Ball zu treffen und anschließend in Windeseile bis zur nächsten *base* zu laufen. Im Parque Central in Havanna kann man in der ● *Esquina Callente* häufig kostenlos den Spielen der *nativas* zusehen.

ESSEN & TRINKEN

ANTIGÜEDADES

Ohne Zweifel die beste Küche in Varadero! Die Schwingtüren der alten Villa öffnen sich zum Garten. Gute Meeresfrüchte und Cocktails. *Avda. Primera y 56 | Parque Josone | Tel. 045 66 73 29 |* €€

CASA DE AL

Das blaue Haus soll früher dem Gangsterboss Al Capone gehört haben. Auf der Karte stehen u. a. „Mafia-Suppe" und „Godfather-Salat". *Villa Punta Blanca, Repardo Kawama | Tel. 045 66 80 18 |* €€

VARADERO 60

Kubanische und internationale Küche im 1960er-Ambiente. Empfehlenswerte Meeresfrüchte. *Calle 60 | Tel. 045 61 39 86 |* €–€€

EINKAUFEN

PLAZA AMÉRICA

Einkaufszentrum für Markenartikel und Souvenirs. Mit Supermarkt, Restaurants und INSIDER TIPP Livemusik. *Tgl. 10–20.30 Uhr | Autopista Sur*

STRAND

PLAYA DE VARADERO ★

Ein Traum: Feiner, weißer Sandstrand zieht sich meilenweit an der Nordküste der Halbinsel entlang, mit Hotels, Bars, Restaurants und zahlreichen Wassersportangeboten. ● Bootstouren kann man u.a. an der *Marina Chapelin (Autopista del Sur | Tel. 045 66 75 50)* buchen.

AM ABEND

CABARET CONTINENTAL

Liveshow und Tanz im Hotel Varadero Internacional. *Di–Sa ab 22 Uhr | Eintritt*

25–40 CUC | Avda. de Las Américas | Tel. 045 66 70 38

ÜBERNACHTEN

BLAU MARINA VARADERO RESORT

Fünfsternehotel am neuen Yachthafen von Varadero. All inclusive. *548 Zi. | Autopista Sur Punta Hicacos Final | Tel. 045 66 99 66 | www.blauhotels.com | €€*

ZIELE IN DER UMGEBUNG

CÁRDENAS (149 D3) (🗺 C3)

Die 1828 gegründete und im spanischen Kolonialstil erbaute Stadt zählt ca. 109 000 Einwohner. Während des 19. Jhs. war Cárdenas eine wohlhabende Zuckermetropole. Im *Parque Colón* wurde 1862 das erste Kolumbusdenkmal der Neuen Welt errichtet. *Ca. 18 km östlich*

Auf Cayo Largo gibt es keine Einwohner – nur einen langgezogenen Traumstrand

ISLAZUL PULLMAN

Kleines Hotel mit familiärer Atmosphäre, die beste Adresse für Individualreisende. *15 Zi. | Avda. 1/Calles 49 y 50 | Tel. 045 61 27 02 | www.islazul.cu | €*

MERCURE CUATRO PALMAS

Das charmante Familienhotel liegt direkt am Strand. Die integrierte Villa war Residenz des ehemaligen Diktators Batista. *160 Zi. | Avda. 1/Calles 60 y 64 | Tel. 045 66 70 40 | www.mercure.com | €–€€*

AUSKUNFT

CUBATUR

Calles Primera y 33 | Tel. 045 66 72 16

CAYO LARGO (148 149 C–D4) (🗺 C4)

Der karibische Traum schlechthin: Die kleine Insel vor der Südküste Kubas ist ein einziger, lang gezogener, pudriger Sandstrand. Einwohner gibt es hier keine, allerdings haben sich hier einige Hotels niedergelassen – ihre niedrigen Ferienhäuser, sogenannte *cabañas*, sind aus Holz gebaut und fügen sich deshalb harmonisch in die Inselnatur ein. Taucher und Schnorchler zieht es zu den vorgelagerten Korallengärten und Wracks versunkener Schiffe.

Cayo Largo liegt rund 80 km südlich der Zapata-Halbinsel im Golf von Cazones und ist von Varadero aus gut per Flugzeug zu erreichen.

CAYMAN ISLANDS

Die Cayman Islands liegen inmitten des Karibischen Meers, ungefähr 200 km südlich von Kuba und etwas weiter nordwestlich von Jamaika.

Die Gesamtbevölkerung der drei Inseln zählt nur knapp 49 000 Einwohner, von denen ein verhältnismäßig großer Anteil (fast 40 Prozent) Ausländer sind, die sich hier niedergelassen haben. Nicht zuletzt deshalb, aber auch wegen des florierenden Offshore-Bankwesens (die Cayman Islands sind ein Steuerparadies) und des internationalen Tourismusgeschäfts sind die Inseln sehr wohlhabend.

Für Kulturreisen eignen sich die Cayman Islands kaum, denn nennenswerte Sehenswürdigkeiten oder Museen gibt es hier nicht. Sie sind aber für Wassersportler ein Traumziel mit einem angenehmen Segelrevier, hervorragenden Tauchgründen und kilometerlangen Stränden.

GRAND CAYMAN

(149 D6) (*C6*) **Die größte der drei Inseln ist etwas mehr als 30 km lang und 6 km breit. Auf ihr liegt Georgetown, die Hauptstadt der britischen Kronkolonie.**

Hier befinden sich die Niederlassungen der internationalen Banken, angelockt von den günstigen Rahmenbedingungen. Grand Cayman besteht zum größten Teil aus Sumpfland, nur im Westen und

Bild: Auf Kuschelkurs mit einem Stachelrochen in Stingray City

Im einstigen Schlupfwinkel der Piraten residieren heute Banken aus aller Welt – die Cayman Islands sind ein Steuerparadies

Nordwesten sowie in Küstennähe haben Menschen gesiedelt. Am Seven Mile Beach im Westen liegen die meisten Hotels, direkt nördlich der Hauptstadt.

SEHENSWERTES

ATLANTIS SUBMARINE ★ ●

Das kleine Unterseeboot bringt mehrmals täglich Gruppen von Neugierigen die Wunder der Korallenriffe näher, ohne dass sie selbst zur Taucherausrüstung greifen müssten. Durch die Panoramafenster lässt sich das Tier- und Pflanzenleben am Riff vorzüglich beobachten. Melden Sie sich rechtzeitig an! *Tgl. | ab 94 US$ | Waterfront | Tel. 9 49 77 00 | www.caymanislandssubmarines.com*

INSIDER TIPP CAYMAN ISLANDS NATIONAL MUSEUM

Das Museum im ehemaligen Gerichtsgebäude gibt Aufschluss über die Piratenvergangenheit der Inseln. *Mo–Fr 9–17, Sa 10–14 Uhr | Eintritt 8 US$ | Waterfront | Georgetown*

GEORGETOWN

Das kleine Städtchen zählt 27000 Einwohner und ist ein quirliges Wirtschaftszentrum. In Georgetown haben nicht nur die Banken ihre Niederlassungen, Sie finden dort auch viele Geschäfte, die vor allem maritime Angebote für Urlauber bereithalten.

Was zur Hölle? Aufgrund des Namens gibt es in Hell einige Teufelchen

HELL

Der kleine Ort im Norden der Insel verdankt seine Popularität bei englisch sprechenden Touristen hauptsächlich seinem Namen. Die Tatsache, dass man von hier aus Postkarten „direkt aus der Hölle" verschicken kann – mit passendem Poststempel versteht sich –, ist ja auch ganz amüsant.

PEDRO ST. JAMES

Das älteste Gebäude auf Grand Cayman soll angeblich schon 1635 von einem spanischen Siedler namens Pedro Gómez errichtet worden sein. Vermutlich aber entstand es erst 1780 als befestigtes Anwesen eines Engländers. Zweimal wurde „Pedro's Castle" das Opfer von Feuersbrünsten, bevor es in seinen heutigen Zustand versetzt und zum nationalen Wahrzeichen erklärt wurde. *Tgl. 9–17 Uhr | Eintritt 10 US$ | Old Jones Bay, East End, an der Küstenstraße South Sound Road | www.pedrostjames.ky*

STINGRAY CITY

Ein beliebtes Ziel von Schnorchlern und Tauchern. Hier im North Sound können Sie mit zahmen Stachelrochen schwimmen. Die schönen, großen Fische gleiten mit ihren extrem breiten Flossen wie fliegende Teppiche über den Meeresboden. Wenden Sie sich an *Cayman Diver Ltd. (35–60 US$ | Tel. 9451611 | www.caymandiver.com)*.

TURTLE FARM

Der wichtigste Grund dafür, dass einst Piraten und andere Seefahrer immer wieder die Inseln ansteuerten, waren die Meeresschildkröten – ihr Fleisch und ihre Eier waren eine willkommene Ergänzung der eintönigen Bordverpflegung. Der Bestand der Schildkröten ist stark zurückgegangen; viele der Strände, die sie zur Eiablage aufsuchen, sind inzwischen in Menschenhand. Die Turtle Farm setzt einen gewissen Teil der hier aufgezogenen Tiere im Meer aus und trägt so zur Erhaltung der Art bei. Dennoch sollte man nicht übersehen, dass es sich primär um ein kommerzielles Unternehmen handelt, das Rohmaterial für Küchendelikatessen und Modeaccessoires liefert. *Tgl. 8–17 Uhr | 18–45 US$ | Boatswain's Beach | Northwest Point | West Bay | Tel. 9 49 38 94 | www.turtle.ky*

ESSEN & TRINKEN

HEMINGWAY'S

Das Restaurant des Hyatt Regency Hotels am Seven Mile Beach ist auf Meeresfrüchte spezialisiert. *West Bay Road | Tel. 9 45 57 00 |* €€– €€€

LUCA ★

Italienisch-caymanische Küche in einem stilvollen Strandrestaurant. Vorzüglich der frische Red Snapper mit Zitronenrisotto und Spargel-Mandel-Salat! Frische Pastaköstlichkeiten und hervorragende Weinkarte. Reservieren! *Di–So | Caribbean Club | Seven Mile Beach | 871 West Bay Road | Tel. 34 56 23 45 50 |* €€€

REEF GRILL

Caymanische Küche und Live-Entertainment unter Sternen. Auf der Veranda, die von kleinen Palmen umrahmt ist, geht es etwas lässiger zu als in den stilvollen Innenräumen. *Royal Palms Beach Club | Tel. 9 45 63 58 |* €€–€€€

THE WHARF RESTAURANT

Das Restaurant wird von Österreichern geführt. Diniert wird auf der Veranda direkt am Meer. Köstlich: die Seebrasse mit Basilikum-Pistazien-Kruste. *West Bay Road | Tel. 9 49 22 31 |* €€–€€€

EINKAUFEN

In ★ *Georgetown* finden Sie eine Reihe von Geschäften, die sich auf Porzellan, Schmuck, alte Gold- und Silbermünzen, zollfreies Parfüm sowie Spirituosen spezialisiert haben. Hinter dem Seven Mile Beach gibt es zudem eine Reihe von Einkaufsplazas nach amerikanischem Vorbild.

ARTIFACTS LTD.

Hier gibt es die schönsten **INSIDER TIPP** „Piratenmünzen", Fundstücke aus gesunkenen Schiffen, garantiert echt mit Zertifikat – aber nicht ganz billig! *Harbour Drive | Waterfront | Georgetown | Tel. 9 49 24 42*

THE BOOK NOOK

Bücher, Spiele und Geschenke finden Sie in diesem Geschäft. *Galleria Plaza | West Bay Road*

MARCO POLO HIGHLIGHTS

★ Atlantis Submarine
Tauchen Sie mit dem Unterwasserboot ins Reich Neptuns ab → S. 49

★ Luca
Hotspot für Einheimische und Touristen – stilvoll innen oder lässig im Freien → S. 51

★ Einkaufen in Georgetown
Shoppingspaß nicht nur für Sammler alter Münzen → S. 51

★ Grand Cayman Beach Suites
Luxushotel mit Golfplatz und eigenem Strandabschnitt → S. 52

KIRK FREEPORT PLAZA
Ein großer Duty-Free-Komplex, u. a. mit Designerboutique, Parfümerie, Juwelier, Kristall- und Porzellanwaren. *Cardinal Ave. | Georgetown*

STRÄNDE

RUM POINT
Badestrand an der Nordseite der Insel, am Wochenende Barbecue und Livemusik im *Rum Point Club*. Gute, entspannte Atmosphäre. *North Side*

SEVEN MILE BEACH
Der feinsandige, von australischen Pinien gesäumte Seven Mile Beach ist der Vorzeigestrand von Grand Cayman. Hier stehen die meisten Hotels, es gibt Bars, Restaurants und unzählige Wassersportangebote.

LOW BUDG€T

Übernachtungsmöglichkeiten auf den Cayman Islands sind extrem teuer. Man kann aber beim *Department of Tourism (s. Auskunft)* nach Gästehäusern mit gemeinschaftlich genutzten Küchen und Badezimmern fragen.

Camera Store: Hier bekommen Sie zollfreie Digitalkameras und Zubehör, die Beratung ist freundlich und kompetent. *32, Goring Ave. | Georgetown*

Im *Breadfruit Tree Garden Café* gibt es preiswertes *curry goat* und gute *jerk*-Gerichte. Die Preise liegen zwischen moderaten 6 und 8 US$; kein Alkoholausschank. *Mo geschl. | 50, Eastern Ave. | Tel. 345 9 28 89 90 | Georgetown*

AM ABEND

INSIDER TIPP LEGENDZ
Tanzpartys mit Rock-'n'-Roll-Livemusik. *The Falls Shopping Centre | Seven Mile Beach | Tel. 9 43 32 87*

THE NEXT LEVEL
Caymans neuester, luxuriösester Nightclub. *Grand Cayman | Tel. 9 46 63 98*

ÜBERNACHTEN

ELDEMIRE'S TROPICAL ISLAND INN
Nicht ganz in der Stadt, nicht ganz am Strand, gut und preiswert. *8 Zi. | Georgetown | Tel. 9 16 83 69 | www.eldemire.com* | €€

GRAND CAYMAN BEACH SUITES ★
Das Hotel liegt zwar jenseits der Straße, die am Seven Mile Beach entlangläuft, hat aber seinen eigenen, über einen Pfad erreichbaren Strandabschnitt. Dennoch ziehen viele der amerikanischen Touristen den Pool vor, in dessen Mitte sich eine Bar befindet. Schöner Golfplatz. *53 Suiten | Seven Mile Beach | Tel. 9 49 12 34 | www.grand-cayman-beach-suites.com* | €€€

SUNSET HOUSE
Das Tauchhotel liegt an einer felsigen Küste südlich von Georgetown. Gutes Restaurant. *59 Zi. | 390 South Church Street | Tel. 9 49 71 11 | www.sunsethouse.com* | €€–€€€

TURTLE NEST INN
Etwas entlegenes, kleines Strandhotel. Geräumige Zimmer und Pool mit Blick auf die Bucht. *10 Zi. | Red Bay Road | Bodden Town | Tel. 9 47 86 65 | www.turtlenestinn.com* | €€–€€€

AUSKUNFT

CAYMAN ISLANDS DEPARTMENT OF TOURISM
Government Administration Building | 133, Elgin Ave. | Grand Cayman | Tel. 9 49 06 23 | www.caymanislands.ky

Übernachtung: *Brac Reef Beach Resort (40 Zi. | West End Point | Tel. 9 48 13 23 | www.bracreef.com | €€–€€€).*

LITTLE CAYMAN (149 E6) *(D6)*
Little Cayman liegt knapp 10 km westlich von Cayman Brac, ist noch etwas

Trägt seinen Namen nicht umsonst: der Seven Mile Beach auf Grand Cayman

kleiner und etwas ruhiger als seine Nachbarinsel – die Bevölkerungszahl ist nicht einmal dreistellig.
Hauptattraktion der Insel ist der *Bloody Bay Marine Park*, ein fantastisches Tauch- und Schnorchelrevier. „The Wall", ein ca. 1000 m tief fallendes Korallenriff, lockt mit seiner unglaublichen marinen Vielfalt (z.B. der seltene Rotfeuerfisch, Mantarochen und Meeresschildkröten) Taucher aus aller Welt an. Unterkunft finden Sie im luxuriösen *Pirates Point (11 Zi. | Preston Bay | Tel. 9 48 10 10 | www.piratespointresort.com | €€–€€€)*, dessen Küche nur frische, regionale Zutaten verwendet.

INSELN IN DER UMGEBUNG

CAYMAN BRAC (149 E6) *(D6)*
Cayman Brac hat seinen Namen von der kleinen Erhebung im Osten (*brac* ist Gälisch und bedeutet Hügel) – im Vergleich zu den beiden anderen flachen Inseln der Gruppe in der Tat eine Besonderheit, auch wenn das Land hier kaum 40 m hoch aus dem Meer ragt. Cayman Brac liegt ca. 140 km nordöstlich von Grand Cayman und ist nur 40 km² groß; knapp 1500 Menschen leben hier. Früher lebten die Einwohner vom Verkauf von Kokosnussprodukten, heutzutage ernährt sie der Tourismus. Wer Grand Cayman zu betriebsam findet, tut gut daran, auf Cayman Brac auszuweichen.

JAMAIKA

Der indianische Name Xaymaca lässt sich mit „Land der Wälder und Gewässer" übersetzen. Damit haben die Ureinwohner Jamaikas, die Arawaken, die Vielfalt der Inselnatur in eher bescheidene Worte gefasst.

Jamaika ist die Insel der Berge und Wasserfälle, der tropischen Wälder, der weißen Palmenstrände, der türkisblauen Badebuchten und der Zuckerrohrfelder. Die Menschen auf Jamaika (ca. 2,8 Mio. Ew.) entstammen einem bunten Völkergemisch, das neben den Nachfahren der afrikanischen Sklaven auch Inder, Chinesen und Araber sowie Engländer und andere Europäer aufzuweisen hat. Sie alle hatten linguistisch gesehen Einfluss auf das jamaikanische Patois, das auch die Grundlage für Reggae- und Calypsotexte bildet. Die meisten Jamaikaner sind freundlich und haben viel Sinn für Humor. Natürlich lässt sich nicht leugnen, dass die Insel arm ist: Das durchschnittliche Einkommen liegt bei 80 US$ im Monat. Der Tourismus ist nach der Bauxitgewinnung der größte Wirtschaftszweig des Landes, jeden Tag strömen Tausende Kreuzfahrturlauber durch die Straßen der Hafenstädte. Wenn sich also einheimische Händler ziemlich aufdringlich bemühen, Souvenirs zu verkaufen, sollte man ihre wirtschaftliche Lage berücksichtigen und sie mit freundlichem Respekt behandeln.

Man landet fast unweigerlich an der Nordküste. Der Flughafen von Montego Bay ist das Einfallstor für Urlauber. Wenn möglich, sollten Sie auch einmal einen

Bild: Auf dem Heimweg von der Schule in Port Antonio

Palmenstrände, türkisfarbenes Wasser und tropische Wälder: Harry Belafontes *Island in the sun* hält, was sie verspricht

Abstecher mit dem Mietwagen unternehmen: ins Cockpit Country, in die Blue Mountains oder nach Kingston, in diesen Stadtmoloch mit Industrie, Banken, Kongresszentren, Slums und Villenvierteln. Der MARCO POLO „Jamaika" berichtet ausführlich über die Insel.

> CITY **WOHIN ZUERST?**
> Am besten, Sie fahren mit dem Taxi von Downtown nach **New Kingston** zum Bob Marley Museum in der Hope Road. Von dort aus geht's dann weiter zum Devon House und zu den Hope Gardens. Taxikosten von Downtown nach New Kingston ca. 500 J$. Es ist nicht ratsam, in Downtown Kingston Bus zu fahren!

KINGSTON

(150 B5) (*🕮 F7*) **Eigentlich kann man Jamaika nicht verstehen, ohne seiner**

Hauptstadt Kingston (Großraum ca. 950 000 Ew.) einen Besuch abgestattet zu haben.

Die Stadt ist ein Jamaika für sich, sie vereint alle Gegensätze des Landes. Hier lebt ein Großteil der Bevölkerung, und Kingston ist nicht nur Regierungs- und Verwaltungssitz, sondern auch die Geburtsstätte Bob Marleys, des Rastafarianismus und des Reggae. Wie in jeder Großstadt gibt es Gegenden, die man besser meidet, vor allem nachts.

SEHENSWERTES

BOB MARLEY MUSEUM

Das Plattenstudio von Bob Marley (1945–81) wurde zu einem Museum umgewandelt. Die Ausstellung, vor allem aber die immer anwesenden Anhänger des Superstars tragen viel zum Verständnis nicht nur der Musik und der Person Marleys bei, sondern auch des Lebens auf Jamaika. *Mo–Sa 9.30–16 Uhr | Eintritt 25 US$ | Hope Road | www.bobmarleymuseum.com*

DEVON HOUSE

Ein typisches Gebäude der englischen Kolonialarchitektur des späten 19. Jhs., teils mit Originalmobiliar ausgestattet. *Di–Sa 9–17 Uhr | Eintritt 5 US$ (mit Führung) | Hope Road | www.devonhousejamaica.com*

Architektur der englischen Kolonialzeit: Devon House in Kingston

ROYAL BOTANICAL GARDENS AT HOPE

Der botanische Garten mit weitläufigen Anlagen und altem Baumbestand geht auf die Stiftung einer Pflanzerfamilie zurück. *Tgl. 6–18 Uhr | Eintritt frei | New Kingston | Old Hope Road*

ESSEN & TRINKEN

INSIDER TIPP RED BONES – THE BLUES CAFE

In der spanischen Kolonialresidenz gibt es jamaikanische Küche, live Jazz und Blues. *1 Argyle Road | Tel. 9 78 82 62 |* €€

THE TERRACE AT LIGUANEA CLUB
Elegant gedeckte Tische im Schatten eines alten Mangobaums. Jamaikanische Köstlichkeiten wie Red Snapper oder Goatcurry. *Knudsford Blvd. | Tel. 9290106* | €€

EINKAUFEN

BOOKLAND
Viele Bücher über Jamaika und die Karibik. *53 Knutsford Blvd.*

JAMAICA CRAFTS MARKET
Jamaikanisches Kunsthandwerk jeglicher Art. *Port Royal Street | am westlichen Ende der Harbour Street*

AM ABEND

QUAD
Nachtclub auf vier Ebenen, unter anderem mit *Christpher's Jazz Club*, *Voodoo Lounge* und der Youngsterdisko *Oxygen*. *Eintritt 10–25 US$ | Trinidad Terrace*

ÜBERNACHTEN

SPANISH COURT
Zentrale Lage in New Kingston. Dinner wird mit Livemusik am Pool serviert. *109 Zi. | 1 St. Lucia Ave. | Kingston 5 | Tel. 9260000 | www.spanishcourthotel.com* | €€€

INSIDER TIPP **STRAWBERRY HILL**
In den Hügeln mit Blick auf die Bucht von Kingston liegt diese ehemalige Kaffee- und Obstplantage. So einzigartig wie lecker ist der Brunch am Wochenende: *saltfish with ackee, jerk chicken* und andere jamaikanische Spezialitäten. *12 Zi. | Irish Town | St. Andrew | Tel. 9448400 | www.islandoutpost.com* | €€€

AUSKUNFT

JAMAICA TOURIST BOARD
64 Knutsford Blvd. | Kingston 5 | Tel. 9299200 | www.visitjamaica.com

MARCO POLO HIGHLIGHTS

★ **Blue Mountains**
Die Berge, aus denen der berühmte Kaffee kommt – auch die Plantagen kann man besichtigen → S. 58

★ **Port Royal**
Ehemaliges Piratennest und kleines Fischerdorf: Hier gibt es guten, frischen Fisch → S. 58

★ **Margaritaville**
Angesagter Treffpunkt in Montego Bay mit Rutsche ins Meer → S. 59

★ **Round Hill Hotel**
Ob in einer Villa oder einem Zimmer mit Traumblick – lassen Sie sich verwöhnen! → S. 59

★ **Rose Hall Great House**
Unweit von Montego Bay liegt dieses Plantagenhaus mit finsterer Vergangenheit → S. 59

★ **Dunn's River Falls**
Spannend und unterhaltsam ist eine Klettertour im Wasserfall → S. 62

★ **Rio Grande**
Romantische Fahrt auf einem Bambusfloß durch den Dschungel → S. 64

★ **Hotel Mocking Bird Hill**
Bei Port Antonio locken üppige Hotelgärten mit Blick auf Meer und Berge → S. 65

★ **Reach Falls**
Nicht leicht zu erreichen, aber lohnenswert: baden im Regenwald → S. 65

ZIELE IN DER UMGEBUNG

BLUE MOUNTAINS ★ (150 B5) (🗺 F7)
Die Blauen Berge liegen nordöstlich der Hauptstadt. Der *Peak* (Gipfel) dieses landschaftlich faszinierenden Gebirges ist 2256 m hoch. Wenn Sie eine der Plantagen besichtigen möchten, auf denen der berühmte Blue Mountain Coffee angepflanzt wird, fragen Sie sich nach *Mavis Bank* (ca. 20 km von Kingston) durch – dort zeigt man Interessenten gern die Felder mit den Kaffeesträuchern. *Von Kingston aus auf der A 3*

In Mavis Bank werden die Kaffeebohnen aus den Blauen Bergen sortiert

PORT ROYAL ★ ● (150 B5) (🗺 F7)
Auf der Halbinsel, die im Süden den Hafen von Kingston gegen das offene Meer schützt, liegt nicht nur der internationale Flughafen, sondern auch ein kleines Fischerdorf mit einem berühmten Namen: Port Royal war die erste englische Hauptstadt der Insel, hier hatten Henry Morgan und andere Piraten ihr Hauptquartier. Die beeindruckende, gut erhaltene Befestigungsanlage *Fort Charles* beherbergt das *Fort Charles Maritime Museum (tgl. 9–16.45 Uhr | Eintritt 10 US$)*. Außerdem kann man die alten Speicheranlagen besichtigen. Die Straßenpubs in Port Royal servieren den frischsten Fisch der Insel!

SPANISH TOWN (150 B5) (🗺 F7)
Die etwa 25 km westlich gelegene Stadt (162 000 Ew.), Kingstons Vorgängerin als Hauptstadt Jamaikas, wurde 1534 von den Spaniern gegründet. Der zentrale Platz *The Park* ist ein schönes Beispiel früher kolonialer Bebauung.

MONTEGO BAY

(150 A5) (🗺 E7) **Die zweitgrößte Stadt Jamaikas (100 000 Ew.) war schon immer das Zentrum der Nordküste.**

Von hier aus wurden die Erzeugnisse der nahe gelegenen Plantagen verschifft, und hier kamen die Luxusgüter aus Europa an, auf die die Pflanzer nicht verzichten mochten. Heute ist nicht mehr der Hafen das Einfallstor, sondern der Flughafen; transportiert werden nicht mehr Zucker, Melasse und Sklaven oder Porzellan und Pariser Mode, sondern Touristen.

SEHENSWERTES

GREENWOOD GREAT HOUSE

Altes Plantagenhaus mit wertvollen Antiquitäten und Musikinstrumenten sowie einer Bibliothek, die das Herz eines jeden Bücherwurms höher schlagen lässt. *Tgl. 9–18 Uhr | Eintritt 20 US$ | ca. 24 km östlich von MoBay*

ROSE HALL GREAT HOUSE ★ ●

Ein sinistres Plantagenhaus mit Treppen aus Mahagony und Seidentapeten: Im 18. Jh. herrschte hier die „Witch of Rose Hall", eine Pflanzerin, die wegen ihrer weit über das Übliche hinausgehenden Grausamkeit den Sklaven gegenüber berüchtigt war. *Tgl. 9–15 u. 16.30–22 Uhr | Eintritt 20 US$ | wenige Kilometer östlich von MoBay*

ESSEN & TRINKEN

HOUSEBOAT GRILL

Das Hausboot-Restaurant ist in einer Lagune festgemacht. **INSIDER TIPP** Der Boden ist teilweise verglast, sodass man Rochen und Barrakudas beobachten kann. Auf dem Oberdeck können Sie an Cocktails nippen und den Blick übers Meer genießen. *Southern Cross Blvd. | Montego Freeport | Tel. 9 79 88 45* | €€

THE NATIVE

Im Baumschatten auf einer Steinterrasse werden Spezialitäten wie die Süßspeise *duckunoo* serviert. *29 Gloucester Ave. | Tel. 9 79 27 69* | €–€€

EINKAUFEN

GALLERY OF WEST INDIAN ART

Hier können Sie jamaikanische und haitianische Gemälde, Keramiken und Holzschnitzereien erwerben. *11 Fairfield Road*

HALF MOON SHOPPING VILLAGE

Boutiquen, Restaurants, eine Bank und eine Postfiliale im Half Moon Hotel. *North Coast Highway*

STRÄNDE

Die beliebtesten Strände in und um Montego Bay sind *Cornwall Beach, Doctor's Cave Beach* und *Walter Fletcher Beach*.

AM ABEND

MARGARITAVILLE ★

Der coole Hangout bietet außer Margueritas auch andere Drinks und gutes Essen. In der lebhaften Disko gibt es nachts Livemusik. Eine Baderutsche befördert kühlungsbedürftige Gäste direkt ins Meer. *Tgl. ab 22 Uhr | Eintritt am Wochenende 10 US$ | Southern Cross Blvd. | Tel. 9 52 47 77*

ÜBERNACHTEN

RIDGEWAY GUESTHOUSE

Das Guesthouse liegt in der Nähe des Flughafens. Es bietet einfache, freundliche und saubere Zimmer. *10 Zi. | 34 Queen's Drive | Tel. 9 52 27 09 | www.ridgewayguesthouse.com* | €

ROUND HILL HOTEL ★

Jede der 27 Villen hat ihre eigene *maid*. Sie können aber auch in einem der 36 Zimmer mit Ausblick auf das Meer wohnen. Elegante Atmosphäre. Das Hotel setzt mit biologisch angebautem Gemüse, Abfallreduzieung und Energieeinsparung auf Ökotourismus. *Tel. 9 56 70 50 | www.roundhill.com* | €€€

AUSKUNFT

JAMAICA TOURIST BOARD

Montego Bay Convention Centre | Rose Hall | Tel. 9 52 44 25

ZIELE IN DER UMGEBUNG

COCKPIT COUNTRY (132 A5) *(🕮 E7)*

Früher verbargen sich die Maroons, entlaufene Sklaven aus der Zeit der Kolonialherrschaft und deren Nachfahren, in dem kargen Bergland. Besonders sehenswert ist der Hauptort INSIDER TIPP *Accompong*, in dem noch Maroons leben. Wer das schwer zugängliche Gebiet südwestlich von Montego Bay erkunden will, sollte vorher beim Tourist Board Informationen einholen.

FALMOUTH (132 A5) *(🕮 E7)*

Der kleine Ort (7400 Ew., ca. 35 km östlich) war früher ein Zuckerhafen. Noch heute kann man im Stadtzentrum schöne Häuser aus jener Zeit entdecken. In einem ehemaligen Herrenhaus wohnt man im INSIDER TIPP *Good Hope (13 Zi. | Trelawny | Tel. 4 69 34 44 | www.goodhopejamaica.com | €€€)*, umgeben von alten Möbeln, Stichen und Porzellan.

NEGRIL

(150 A5) *(🕮 E7)* **Negril (5000 Ew.) verdankt seine Beliebtheit den Hippies, die hier in den 1970er-Jahren ein Robinson-Crusoe-Leben führten.**

Die Hütten der Blumenkinder sind heute zwar Hotels gewichen, aber es hat sich viel von der unkonventionellen Atmosphäre gehalten. Abends tanzt man hier noch immer zu Reggae am Strand.

ESSEN & TRINKEN

COSMO'S

Frischer Fisch in einem zum Meer hin offenen Strandbistro. Hier lässt sich gut der ganze Tag verbringen. *Norman Manley Blvd. | Tel. 9 57 47 84* | €

KUYABA NEGRIL

Internationale Küche steht hier auf der Karte. Wer gerade nicht isst, kann es sich auf den Liegen am Strand gemütlich machen. *Norman Manley Blvd. | Tel. 9 57 43 18* | €

EINKAUFEN

NEGRIL CRAFTS PARK

20 Stände, an denen man witzige T-Shirts, Holzschnitzereien und anderes Kunsthandwerk kaufen kann. *Beach Road | beim Community Centre*

STRAND

Der Strand in Negril ist der *Seven Mile Beach:* Kilometer um Kilometer weißer Bilderbuch-Sandstrand.

AM ABEND

THE JUNGLE

Heißer Treffpunkt für Diskogänger. *Norman Manley Blvd. | Tel. 9 57 40 05*

ÜBERNACHTEN

CHARELA INN

Im mittleren Abschnitt des Seven Mile Beach liegt dieses kleine Hotel, dessen Gebäude um einen schönen, runden Swimmingpool gruppiert sind. *49 Zi. |*

Negril Beach | Tel. 9 57 42 77 | www.charela.com | €–€€

NEGRIL YOGA CENTRE
Die sieben *cottages* mit insgesamt 13 Zimmern sind einfach, aber komfortabel. Yogaunterricht gibt es schon ab 10 US$ für Gäste und für 15 US$ für Nicht-Gäste. Ideal für Alleinreisende. *Beach Road | Tel. 9 57 43 97 | www.negrilyoga.com* | €

AUSKUNFT

NEGRIL TOURIST ASSOCIATION
Norman Manley Blvd. | Tel. 8768 0140 44

ZIELE IN DER UMGEBUNG

APPLETON RUM ESTATE
(150 A5) (*E7*)
Man kann den scharfen Maischegeruch schon Wahrnehmen, bevor man die größte Rumbrennerei der Insel erreicht hat. Ein 45-minütiger Rundgang führt zur Destillerie und zur Lagerhalle mit den Rumfässern. Der hochprozentige Tropfen wird schon seit 1749 hier hergestellt! *Mo–Sa 9–15.30 Uhr | Eintritt 25 US$ | Nassau Valley | Siloah Valley*

BAMBOO AVENUE (150 A5) (*E7*)
Südöstlich von Negril wird dieser fast 5 km lange Abschnitt der A 2 von beiderseits stehenden Bambusgruppen überschattet.

BLACK RIVER (150 A5) (*E7*)
Rund 60 km südöstlich von Negril gelegenes Seestädtchen mit Gebäuden im georgianischen Stil. Im längsten Fluss Jamaikas, dem Black River, und im umliegenden „Großen Morast" schwimmen die letzten Spitzkrokodile der Insel, zu denen Sie auch Bootstouren unternehmen können (s. S. 126).

Am idyllischen Strand von Negril gibt es noch das ein oder andere bemalte Fischerboot

OCHO RIOS

(150 B5) (🕮 F7) **Ocho Rios (16 300 Ew.) ist ein sehr lebhaftes Städtchen an der Nordküste Jamaikas und einer der wichtigsten Kreuzfahrthäfen der Insel.**
Der Ort ist schon seit langer Zeit das liebste Urlaubsziel für die Bewohner von Kingston. Die Schönheit der Dunn's River Falls zieht außerdem viele Tagesbesucher aus Montego Bay an.

Die Dunn's River Falls garantieren herrlich erfrischendes Vergnügen

SEHENSWERTES

DUNN'S RIVER FALLS ★

Die Kaskaden, die westlich von Ocho Rios 200 m tief in vielen Stufen ins Meer fallen, sind etwas Besonderes: einerseits aufgrund ihrer Schönheit, andererseits auch wegen des erheiternden Anblicks, den die langen Touristenschlangen bieten, die sich an der Hand eines einheimischen Führers im Wasser die Fälle hinaufquälen. *Tgl. 8.30–16 Uhr | Eintritt 20 US$ | auf der A 3 in westlicher Richtung, ausgeschildert auf Höhe Mammee Bay*

INSIDER TIPP FERN GULLY

Kurz außerhalb der Stadt gelangt man auf dem Weg nach Kingston zu einem atemberaubenden Straßenabschnitt, der sich durch schmale Schluchten in die Berge hinaufwindet. An den Seiten wächst eine Unzahl von Farnen: vom kleinen, kaum mit bloßem Auge erkennbaren bis hin zum riesigen Baumfarn. Auf Jamaika gibt es über 550 verschiedene Farnarten, hier sind viele von ihnen vertreten.

SHAW PARK BOTANICAL GARDENS

Die wunderbaren Gartenanlagen – es gibt sogar einen Wasserfall – liegen auf einem Hügel 167 m oberhalb der Stadt mit schönem Blick auf Ocho Rios und das Meer. *Tgl. 8–16 Uhr | Eintritt 10 US$*

ESSEN & TRINKEN

EVITA'S

Italienische *cucina casalinga* in ihrer besten – karibisch beeinflussten – Form. Der Blick über Ocho Rios ist fantastisch. *Mantalant Inn | Tel. 9 74 23 33 |* €€

OCHO RIOS VILLAGE JERK CENTRE

Freuen Sie sich auf eiskaltes Red-Stripe-Bier sowie auf höllisch scharfes *jerk chicken* und *jerk pork. Da Costa Drive | Tel. 9 74 25 49 |* €

EINKAUFEN

HARMONY HALL

In diesem Great House einer ehemaligen Plantage werden Kunst und Kunsthandwerk aus jamaikanischer Produktion verkauft. *Di–So 10–17.30 Uhr | ein paar Kilometer entfernt an der Straße nach Oracabessa*

STRÄNDE

Am *Mallard's Beach* liegen mehrere große Hotels, etwas ruhiger ist der *Turtle Beach*.

AM ABEND

AMNESIA NIGHT CLUB

Angesagte Dancehall-Disko mit Terrasse zum Chillen. *70 Main Street*

ÜBERNACHTEN

HIBISCUS LODGE

Kleiner als viele der modernen Hotelanlagen in Ocho Rios, wegen der ruhigen Atmosphäre von Europäern gern besucht. *26 Zi. | Main Street | Tel. 9 74 26 76 |* €€

SANDALS ROYAL PLANTATION

Über dem Meer thront das Haupthaus mit den Restauranträumen, in den Seitenflügeln liegen die Gästezimmer (alle mit eigenem Balkon und Meerblick). Service und Essen sind vorzüglich. ● Kostenlose Segeltouren für Gäste, die länger als fünf Nächte bleiben. *74 Zi. | Main Street | Tel. 9 74 56 01 | www.sandals.com |* €€€

AUSKUNFT

JAMAICA TOURIST BOARD

Ocean Village Plaza | Tel. 9 74 25 82

ZIELE IN DER UMGEBUNG

PORT MARIA (150 B5) (*F7*)

Ungefähr 17 km östlich von Ocho Rios entfernt liegt der Ort mit dem vom Jamaican National Trust verwalteten Haus des englischen Schriftstellers Noël Coward. *Mo–Do 9–17 Uhr | Eintritt 10 US$ | Firefly*

RUNAWAY BAY (150 B5) (*F7*)

Der traumhaft schöne Strand ca. 40 km westlich von Ocho Rios ist sozusagen die Grundlage für eine dicht gereihte Hotelkomplexkette amerikanischen Zuschnitts.

PORT ANTONIO

(150 B5) (*F7*) **An einer Doppelbucht im Osten der Nordküste liegt Port Antonio (14 000 Ew.). Es ist der erste Ort auf Jamaika, der von den Nordamerikanern als Urlaubsziel entdeckt wurde.**

Es war der Hollywoodschauspieler Errol Flynn, der die Vorzüge des geschützten Naturhafens und die Schönheit der Region erkannte und dem Jetset seiner Zeit bekannt machte.

Einschiffen und entspannen: Floßfahrt auf dem Rio Grande

SEHENSWERTES

NAVY ISLAND

Die Insel in der Bucht von Port Antonio war einst Privatbesitz Errol Flynns. Ein Besuch lohnt sich auch wegen der schönen Strände im Norden der Insel. *Mietboote vom Hafen*

RIO GRANDE ★ ●

Ein ganz besonderes Erlebnis ist es, auf einem Bambusfloß den Fluss hinunterzugleiten. Der ist von mal kiesigen, dann wieder bambusbestandenen Ufern gesäumt. Auf dem Floß mit einem eigenen „Gondoliere" schippern Sie sanft dahin – und können zur erfrischenden Abkühlung auch einfach kurz aussteigen. Auf der A 4 westlich von Port Antonio ist das „Riverrafting" ausgeschildert. *Tgl. 9–17 Uhr | Kosten 75 US$ pro Floß (für zwei Personen), Fahrtdauer ca. 45 Min.*

ESSEN & TRINKEN

BUSHBAR

Auf der Veranda, mit Blick über den Regenwald auf das Meer, werden fantastische asiatisch-karibische Köstlichkeiten serviert. *Gee Jam Hotel | Fairy Hill | Tel. 9 93 70 00 | €€€*

INSIDER TIPP MILLE FLEURS

Köstliche jamaikanische Gourmetküche auf den Hügeln oberhalb Port Antonios. Pasta und Saucen sind selbst gemacht, und es werden nur frische, regionale Zutaten verwendet. *Im Hotel Mocking Bird Hill | Tel. 9 93 72 67 | €€€*

STRAND

BOSTON BAY

Die schöne Badebucht ist mit Duschen ausgestattet, und der Wellengang erlaubt erste bescheidene Versuche im Wellenreiten. Hier gibt es INSIDER TIPP das beste *jerk pork* und *jerk chicken* der Insel. *An der A 4 östlich von Port Antonio*

AM ABEND

ROOF CLUB
Der bekannteste Nachtclub in Port Antonio; vor allem Freitag- und Samstagnacht: Partystimmung mit lautem Reggae und Soca! *Ab 23 Uhr | Eintritt frei, am Wochenende 5 US$ | 11 West Street*

ÜBERNACHTEN

INSIDER TIPP DE MONTEVIN LODGE HOTEL
Das Kolonialgebäude aus rotem Backstein bietet saubere und komfortable Zimmer, einige mit schönem Blick auf den Hafen. Empfehlenswertes Restaurant. *13 Zi. | 21 Fort George Street | Tel. 9 93 26 04 | €–€€*

HOTEL MOCKING BIRD HILL ★
Etwas östlich von Port Antonio liegt dieses kleine Hotel im karibischen Baustil – auf einem Hügel mit Blick sowohl auf die Blue Mountains als auch auf das Meer. Angelegte Wege führen durch die üppige Vegetation der Hotelgärten. Die Besitzerinnen sind kunstinteressiert und haben eine eigene Galerie. Zudem wird sich vor allem beim Essen ökologisch engagiert: Serviert wird Slow Food mit Zutaten direkt vom benachbarten Bauern oder dem einheimischen Fischer. *10 Zi. | Tel. 9 93 72 67 | www.hotelmockingbirdhill.com | €€*

AUSKUNFT

JAMAICA TOURIST BOARD
City Centre Plaza | Tel. 9 93 30 51 und 9 93 25 87

ZIEL IN DER UMGEBUNG

REACH FALLS ★ (150 B5) (F7)
Dieser Wasserfall (ungefähr 20 km südöstlich von Port Antonio) ist nicht leicht zu erreichen, lohnt aber unbedingt einen Besuch. Der Driver River mündet hier in einem Naturpool: Die grünen Becken mit dem kristallklaren Wasser unterhalb des Wasserfalls sind mehr als einen Meter tief. Sie können in einem kleinen Becken unterhalb des herabfallenden Wassers ein kühlendes Bad nehmen und nachher frische Kokosnussmilch trinken. In der Nähe gibt es Umkleidekabinen, ein Besucherzentrum und Erfrischungsstände – dadurch hat der Wasserfall allerdings leider etwas von seiner Unberührtheit verloren. *Mi–So 8–16 Uhr | Eintritt 10 US$*

LOW BUDG€T

Route Taxis: Die zumeist weißen Toyotas sind eine billige Alternative der Fortbewegung. Die Taxis haben rote Nummernschilder. Auf festgelegten Routen werden so viele Fahrgäste eingesammelt, wie reinpassen (halbstündige Fahrt ca. 2 US$, eine Stunde 3 US$).

Der berühmte *Blue Mountain Coffee* ist in den Duty-Free-Shops in den Flughäfen wesentlich billiger als in den Supermärkten oder Souvenirläden.

Gute *patties* (Teigtaschen) und *spice buns* (Würzbrötchen mit Muskat und Ingwer) für 0,5–3 US$ gibt es in der *Coronation Bakery* in Port Antonio. *Musgrave Market | 18 West Street*

DOMINIKANISCHE REPUBLIK

Die Dominikanische Republik hat oft mit ihren Nachbarinseln das Schicksal geteilt: entdeckt von Kolumbus, kolonisiert durch die Spanier, zur Zuckerinsel avanciert, vernachlässigt von den Spaniern, nach Unabhängigkeit strebend, unter der Diktatur leidend und zuletzt von den USA überfallen.

Kuba und Puerto Rico haben dies ganz ähnlich erlebt. Dennoch ist die Dominikanische Republik anders, ein Staat mit eigener Geschichte, einer von zweien auf einer Insel. Und die Nachbarschaft mit Haiti ist keineswegs immer eine gute gewesen.

Die Dominikaner sind ein selbstbewusstes, ja stolzes Volk. Auch das haben sie mit ihren spanischstämmigen Nachbarn gemein. Und sie haben, wie jene, auch Grund zu diesem Stolz. Nicht nur wegen der Schönheit ihres Landes und seiner traditionsreichen Geschichte, sondern auch wegen ihrer eigenen Leistungen in der Gegenwart. Trotz der rasanten Entwicklung des Tourismus befindet sich die Dominikanische Republik noch immer lediglich auf der Schwelle zum modernen Industriestaat.

Die Tatsache, dass der östliche Teil der Insel Hispaniola das beliebteste Urlaubsziel der Karibik ist, hat die schwierige wirtschaftliche Lage der Bevölkerung kaum verändert. Viele Dominikaner verlassen das Land, um auf Nachbarinseln oder in den USA Arbeit zu finden. Auch der Trend des All-Inclusive-Urlaubs schleust die Devisen förmlich an den Einheimischen vorbei.

Bild: Fischerboot an der Playa Rincón in Las Galeras

Der östliche Teil der Insel Hispaniola ist das beliebteste Urlaubsziel der Karibik – leider profitieren nur wenige Einheimische davon

Für die meisten Dominikaner selbst hat dies alles allerdings nur eine untergeordnete Bedeutung: Sie kennen und lieben ihr Land so, wie es ist. Und sie zeichnen sich aus durch Lebensfreude, die sich bei jeder Gelegenheit offenbart: bei einem Fest zu Ehren des Namenspatrons eines Dorfes, beim Dominospiel nach Feierabend oder beim Merenguetanz am Samstagabend.
Ausführliche Informationen finden Sie im MARCO POLO Band „Dominikanische Republik".

BARAHONA

(152 A3) (*🕮 J7*) **Im tiefen Südwesten der Insel, nahe der Grenze zu Haiti, liegt die touristisch noch wenig erschlossene Provinz Barahona mit der gleichnamigen Hafenstadt (80 000 Ew.).**
Die Küstenstraße windet sich von Dorf zu Dorf, vorbei an Buchten, kleinen Stränden, Wasserfällen und Palmenhainen.

ESSEN & TRINKEN

MELO'S CAFÉ

Unprätentiöser kleiner Laden mit tollem Frühstück und preiswerter Abendkarte (z. B. Ziegenstew mit Kochbananen und Avocado). *Anacoana 12 | Tel. 5 24 54 37 |* €

Beim Restaurant *Rancho Tipico* bei Cabo Rocho kann man sich mit einer *lancha*, einem kleinen Boot, für 1,5 Pesos hinüberbringen lassen. *Ca. 70 km südwestl.*

BAORUCO (152 A2) *(🗺 J7)*

Das verschlafene Fischerdorf hat einen bezaubernden Strand, an dem sich

Urzeitliche Echsen: Nashorn-Leguane im Isla Cabritos National Park

kleine Beachbars angesiedelt haben. Unterkunft: *Casa Bonita Tropical Lounge (12 Suiten | Carretera de la Costa | Tel. 4 76 50 59 | www.casabonitadr.com | €€–€€€)*, eine auf einem Hügel über der Stadt gelegene Öko-Lodge. Der Blick aufs Meer und den dicht bewachsenen Urwald ist spektakulär! Das Restaurant kocht mit natürlichen Zutaten aus dem eigenen Garten. *Ca. 15 km südl.*

ÜBERNACHTEN

INSIDER TIPP CORAL SOL RESORT

Südlich von Barahona gelegenes Kleinod, dass sich von den Hügeln durch Blumen und Palmen bis zum wilden Sandstrand herunterzieht. Toller Blick aufs Meer, großartige Küche mit Bioanspruch! *6 Bungalows | Carretera Costa | Tel. 9 08 14 26 |* €

ZIELE IN DER UMGEBUNG

BAHIA DE LAS ÁGUILAS

(151 F5) *(🗺 J7)*

Durch die kakteengesäumte Wüstenlandschaft geht es zur „Adlerbucht", einem jungfräulichen Naturstrand mit kristallklarem Wasser und Puderzuckersand.

LAGO ENRIQUILLO (152 A2) *(🗺 J7)*

Ca. 100 km westlich von Barahona kommen Sie an den Lago Enriquillo, einem ca. 200 km² großen See mit interessanter Tier- und Pflanzenwelt des *Nationalparks Jaragua*. Auf der Insel ★ *Isla Cabritos* leben noch etwa 300 Exemplare der bis zu 7 m langen Spitzkrokodile, die man vor allem nachts gut beobachten kann. Der Naturpark ist auch Lebensraum für Flamingos und andere Vogelarten sowie für Leguane, Schildkröten und Manatis (Seekühe).

BOCA CHICA

(152 B2) (*🕮 K7*) **Der Ort (ca. 25 km östlich von Santo Domingo) schmiegt sich um eine kleine, geschützte Bucht mit kristallklarem Wasser. Trotz aller Idylle ist es hier am Wochenende schmerzlich überlaufen.**

Für Beach Partys mit dröhnender Musik aus Autoradios sollten Sie also schon in Stimmung sein. Tagsüber gute Wassersportmöglichkeiten.

SEHENSWERTES

LA CALETA PARQUE NACIONAL SUBMARINO

Das naturgeschützte Korallenriff beherbergt ein erkundenswertes Piratenschiffswrack aus dem 18. Jh. (eine spanische Gallone) und einen erst 1999 gesunkenen Frachter. Außerdem laden Grotten und Höhlen sowie eine intakte Unterwasserwelt zum Tauchen und Schnorcheln ein. *Caribbean Divers | Duarte 44 | Tel. 8 54 34 83 | www.caribbeandivers.de*

ESSEN & TRINKEN

BOCA MARINA

Exzellenter frischer Fisch und Meeresfrüchte. Nach dem Essen kann man von der Veranda des Restaurants aus direkt ins Meer springen und schwimmen! *Prolongación Duarte 12 | Tel. 5 23 67 02 | €€*

ÜBERNACHTEN

NEPTUNOS

Gemütliches, preiswertes Strandhotel mit freundlichem Personal. *23 Zi. | Prolongación Duarte 15 | Tel. 5 23 47 03 | www.refugionetunos.com | €*

MARCO POLO HIGHLIGHTS

★ Isla Cabritos
Spitzkrokodile, Flamingos und Seekühe auf der Insel im Lago Enriquillo → S. 68

★ Pico Isabel de Torres
Aufstieg auf den Hausberg von Puerto Plata ganz bequem per Seilbahn → S. 70

★ Acuarela
Köstliches Essen, echte Gemälde und Livemusik in Puerto Plata → S. 71

★ Altos de Chavón
Das Künstlerdorf im Stil der Kolonialzeit beherbergt viele Ateliers und Galerien → S. 73

★ Los Haïtises
Nur mit dem Boot zu erreichen, ist dieser Nationalpark an der Bucht von Samaná → S. 75

★ Las Terrenas
Traumstrand mit gemütlichen Hotels zwischen Palmenhainen und Bananenplantagen → S. 76

★ Zona Colonial
In der ehrwürdigen Altstadt von Santo Domingo spüren Sie das spanische Erbe → S. 77

★ Guácara Taína
In Santo Domingo: Nachtleben in der Grotte → S. 79

ZIEL IN DER UMGEBUNG

JUAN DOLIO (152 B2) *(🗺 K7)*
Urlaubszentrum am lang gestreckten Küstenstreifen im Süden der Insel. In den 1980er-Jahren wurde der Ort mit All-Inclusive-Resorts bebaut. Hier gibt es gute Restaurants, lebhaftes Nightlife und unzählige Wassersportmöglichkeiten. Unterkunft: *Fior di Loto (24 Zi. | Calle Principal | Tel. 5 26 11 46 | €). Ca. 16 km östlich*

PUERTO PLATA

(152 A1) *(🗺 K6)* **Puerto Plata (146 000 Ew.) ist das Einfallstor für die Touristen, die im Nordwesten der Insel, der sogenannten Bernsteinküste, landen.**

Viele von ihnen sehen nicht viel mehr als diesen Ort, ihr Hotel und den Flughafen. In der Altstadt von Puerto Plata finden sich sehr schöne – oft renovierungsbedürftige – Bauten aus der Kolonialzeit. Ein Spaziergang am *Malecón*, der auf einer Länge von etwa 5 km parallel zum Strand verläuft, oder eine Rast im Schatten unter den Bäumen des *Parque Central* vermitteln einen Eindruck von Beschaulichkeit in der rastlosen Hektik der Stadt.

SEHENSWERTES

FORTALEZA SAN FELIPE
Das Fort von 1540 diente früher der Verteidigung gegen die ständig drohenden Piratenangriffe auf Stadt und Hafen. Es wurde schön restauriert und beherbergt eine kleine militärhistorische Ausstellung. *Di–So 9–17 Uhr | Eintritt 100 RD | Malecón (am Hafen)*

MUSEO DEL ÁMBAR ●
Bernstein wird an der ganzen Nordküste gefunden. Die hier ausgestellte Sammlung ist erlesen und informativ. *Mo–Fr 8–17, Sa 8–12 Uhr | Eintritt 50 RD | Calle Duarte 61 | www.ambermuseum.com*

OCEAN WORLD ADVENTURE PARK
Der Park beeindruckt mit seiner Größe und Tierwelt: Sie können in einem Riffaquarium mit Haien und Rochen schnorcheln, mit Seelöwen spielen und als Höhepunkt mit Delphinen und weißen Tigern schwimmen – letztere sind durch eine Glasscheibe getrennt. In einer Voliere fliegen tropische Vögel frei umher. *Tgl. 9–16 Uhr | Eintritt 69–199 US$ | Cofresí | Straße nach Santiago | Tel. 2 91 10 00 | www.oceanworld.net*

PICO ISABEL DE TORRES ★
Der Hausberg Puerto Platas erhebt sich bis zu einer Höhe von fast 800 m. Sie müssen nicht klettern, um die Sicht vom

AUSFLUG NACH HAITI

Wer einen kleinen Abstecher nach Haiti machen möchte, kann die Grenze zur Nachbarin per Bus zwischen Malpasse und Jimaní täglich von 8 bis 18 Uhr überqueren. Von Santo Domingo aus fährt *Terrabus (Guarouya 4 | Tel. 5 31 03 83)* jeden Tag nach Port-au-Prince, der Hauptstadt Haitis, und zurück. Autofahren ist für Ausländer jenseits der Grenze nicht erlaubt.

Alle schwindelfrei? Seilbahnfahrt auf den Pico Isabel de Torres in Puerto Plata

Gipfel zu genießen – bequem geht es mit der Seilbahn den Berg hinauf. Oben warten eine Nachbildung der bekannten Christus-Statue von Rio de Janeiro und ein kleiner botanischer Garten auf Besucher. *Seilbahn Tgl. 8.30–17 Uhr | 350 RD | Avda. Circúnvalación*

ESSEN & TRINKEN

ACUARELA ★

Exzellente Küche in einem alten Holzhaus mit Garten. Spezialitäten sind Meeresfrüchte wie Hummer und Scampi, aber auch Lamm und Huhn in Thai-Basilikum. *Calle Prof. Certad 3 | Tel. 2 61 10 00 | €€€*

KAFFE

Kleinod mit schönem Garten mitten in Puerto Plata. Dominikanisch-italienische Speisekarte, Kaffee und Kuchen. *Calle Prof. Juan Bosch | Tel. 2 61 34 40 | €–€€*

LUCIA

Innovative Küche in eleganter Atmosphäre; probieren Sie die Entenbrust mit Rum-Mangosauce! *Casa Colonial | Playa Dorada | Tel. 3 20 32 32 | €€*

EINKAUFEN

HARRISON'S

Schöner Schmuck aus Bernstein und Larimar. *Calle Duarte | Playa Dorada Plaza*

AM ABEND

CRAZY MOON

Beliebte Disko mit Latin und Hip-Hop. *Paradise Beach Club & Casino | Playa Dorada*

ÜBERNACHTEN

APARTA-HOTEL LOMAR

Direkt an der Uferstraße gelegenes Stadthotel. Einige der Zimmer haben

Balkone mit Blick aufs Meer. *18 Zi. | Avda. Malecón | Tel. 3 20 85 55 | €*

GRAN VENTANA BEACH RESORT

Neues Resort nahe dem Golfplatz. Drei Restaurants, fünf Bars, *Kids' Club* und alle Annehmlichkeiten. *510 Zi. | Playa Dorada | Tel. 3 20 21 11 | www.granventanahotel.com | €€*

HOTEL VICTORIANO

Kleines, freundliches Hotel in einer Seitenstraße des Zentrums von Puerto Plata. *25 Zi. | Calle San Felipe 33 | Tel. 5 86 97 52 | €*

AUSKUNFT

TOURISTENINFORMATION

José del Carmen Ariza 45 | Tel. 5 86 36 76

ZIELE IN DER UMGEBUNG

CABARETE (152 B1) *(🕮 K6)*

Seit das 8000 Einwohner zählende Dorf an der Küste (ca. 25 km östlich von Puerto Plata) von Windsurfern entdeckt wurde, ist hier richtig was los. Vor allem junge Leute haben die Infrastruktur mit Gästehäusern und Strandbars geprägt. Im Juni wird hier die *World Windsurf Championship* ausgetragen. *Das* Hotel für Kitesurfer ist das *Kite Beach Hotel (30 Zi. | Carretera Sosúa Cabarete | Tel. 5 71 08 78 | www.kitebeachhotel.com | €€–€€€)*. Die Zimmer haben Balkone, es gibt einen Pool und eine Beachbar, und man kann Kiteboardunterricht nehmen. Die angesagte Disko *Onno's* liegt am Strand (Eingang bei *Harrison's Jewellers*). Von Mitternacht bis 4 Uhr morgens drängt sich hier die Kiterszene.

PLAYA GRANDE (152 B1) *(🕮 K6)*

Der feine Sand dieses Strandes scheint wie aus Puderzucker. Playa Grande liegt rund 100 km östlich der Stadt; an dem Strand hat sich der All-Inclusive-Tourismus etabliert.

SANTIAGO DE LOS CABALLEROS (152 A1–2) *(🕮 K6)*

Die Industriestadt (700 000 Ew.) ist die zweitgrößte Stadt der Dominikanischen Republik und liegt ca. 40 km südlich von Puerto Plata. Den Touristen bietet sie allerdings nicht viel. Da Santiago in einem wichtigen Tabakanbaugebiet liegt, werden Zigarrenraucher vielleicht am *Museo del Tabaco (Di–Fr 9–12 und 14–17 Uhr | Eintritt frei | Avda. 16 de Agosto)* interessiert sein, das dem Tabakanbau und seiner Geschichte gewidmet ist.

SOSÚA (152 B1) *(🕮 K6)*

Die 30 km östlich von Puerto Plata gelegene Stadt wurde 1940 zum Zufluchtsort für deutsche und österreichische Juden. Viele dieser Exilanten zogen in die Vereinigten Staaten weiter, sodass sich heute nur noch wenige Familien auf ihre Herkunft und ihren Glauben besinnen. Trotzdem ist noch immer Deutsch auf den Straßen des 20 000-Einwohner-Ortes zu hören, der zu einem beliebten Ferienziel geworden ist. Übernachtungstipp: *Casa Valeria (12 Zi. | Calle Dr. Rosen 28 | Tel. 5 71 35 65 | www.casavaleria.com | €)*.

LA ROMANA

(152 C2) (🕮 L7) **Die Hafenstadt (120 000 Ew.) liegt an der Südküste der Dominikanischen Republik, ungefähr 130 km östlich der Hauptstadt Santo Domingo.**

Sie ist ein wichtiges regionales Zentrum, vor allem für die Zuckerindustrie, und hat sich vor allem durch nordamerikanische Investitionen zu einem der bedeutenden Ferienorte des ganzen Landes entwickelt.

SEHENSWERTES

ALTOS DE CHAVÓN ★

Obwohl erst Ende der 1970er-Jahre entstanden, erweckt das Künstlerdorf dennoch auf sehr gelungene Weise den Eindruck einer Siedlung aus der spanischen Kolonialzeit. In den verschiedenen kleinen Gebäuden sind Ateliers und Werkstätten untergebracht sowie Geschäfte, in denen die Werke der Künstler und Kunsthandwerker verkauft werden, außerdem gibt es Restaurants und Apartments. Ein guter Zigarrenladen *(Casa Montecristo Cigar Lounge)* ist hier ebenfalls vorhanden. Wenn Sie das Dorf besuchen, sollten Sie auch einen Blick auf das große *Amphitheater* werfen. Das *Museo Arqueológico Regional (tgl. 8–21 Uhr | Eintritt frei)* bietet interessante Informationen und eine anschauliche Sammlung zum Leben in der Taino-Zeit. *Wenige Kilometer östlich der Hotelanlage Casa de Campo | www.altosdechavon.com*

In schöner Lage: das Künstlerdorf Altos de Chavón bei La Romana

ESSEN & TRINKEN

THE BEACH CLUB BY LE CIRQUE

Meeresfrüchte, Pasta und Salate bei einem atemberaubenden Blick auf das Meer. *Minitas Beach | Casa de Campo | Tel. 855 8 77 36 43* | €€

STRAND

Der Strand der Hotelanlage Casa de Campo, *Las Minitas,* ist auch für Nichtgäste frei zugänglich.

ÜBERNACHTEN

CASA DE CAMPO

173 Zimmer und 150 Ferienwohnungen verteilen sich auf dem fast 30 km² großen Gelände. Es gibt neun Restaurants, vier

Golfplätze, einen Reitstall, kaum zu zählende Tennisplätze und Swimmingpools, Busse und andere Transportmittel sowie einen eigenen Flugplatz für die Gäste. Nicht unbedingt geeignet, um der Anonymität zu entfliehen, aber eine perfekt ausgestattete Hotelanlage. *Tel. 5 23 33 33 | www.casadecampo.com.do* | €€€

Der palmenbestandene Bávaro Beach ist Teil der Costa de Coco

AUSKUNFT

OFICINA DE TURISMO

Plaza Comercial la Estancia | Autopista del Coral Highway | Tel. 829 5 20 73 91

ZIELE IN DER UMGEBUNG

HIGÜEY (152 C2) (*🗺 L6*)

Die ca. 40 km nordöstlich von La Romana gelegene Provinzhauptstadt (140 000 Ew.) wurde bereits im Jahr 1494, und somit nur zwei Jahre nachdem Kolumbus die Neue Welt entdeckte, gegründet und ist damit eine der ältesten Siedlungen der Neuen Welt. Bekannt ist die Wallfahrtskirche *Nuestra Señora de la Altagracia*, in der die Schutzpatronin der Dominikanischen Republik verehrt wird.

PUNTA CANA (152 C2) (*🗺 L7*)

Die Region liegt 75 km östlich von La Romana und Higüey am Anfang der sogenannten Kokosnussküste *(Costa de Coco)* – ein einziger, unendlich langer, palmenbestandener Sandstrand, der sich längst zum Hauseigentum der luxuriösen Touristenghettos *Playa Juanillo* und *Playa Bávaro* entwickelt hat.

SAMANÁ

(152 C2) (*🗺 L6*) **Die Hauptstadt der gleichnamigen Halbinsel im Nordosten der Dominikanischen Republik wurde 1756 von Familien gegründet, die von den Kanarischen Inseln eingewandert waren.** Nach einem verheerenden Feuer 1946 wurde Samaná vollkommen neu aufge-

baut. Das geruhsame Leben des Städtchens (50 000 Ew.) spielt sich tagsüber auf der Uferpromenade des Hafens ab, dem *Malecón*. Im Hafen dümpeln die Fischerboote, und von hier aus legen auch die Boote zum Nationalpark *Los Haïtises* und die Fähren nach Sabana de la Mar ab. Die nahe gelegene Insel INSIDER TIPP *Cayo Levantado* ist mit ihrem weißen Sandstrand ein beliebter Picknickplatz.

ESSEN & TRINKEN

LA HACIENDA

Gute Meeresfrüchte, gegrillte Steaks und fantastische Bouillabaisse! *Avda. Malecón | Tel. 5 38 23 83 | €*

LA MATA ROSADA

Hier essen Sie original dominikanische Spezialitäten und sehen dabei dem Treiben im und am Hafen zu. INSIDER TIPP Die Scampi sind besonders köstlich! *Do–Di | Avda. Malecón 5 | Tel. 5 38 23 88 | €–€€*

EINKAUFEN

Am *Malecón* gibt es ein paar gute Schmuckläden, in denen Larimar-, Bernstein- und Silberarbeiten verkauft werden.

STRAND

Die *Playa Escondida* liegt in einer kleinen Bucht südlich der Stadt. Die traumhaft schöne *Playa Rincón* ist nach einer 20-minütigen Bootsfahrt von Las Galeras aus zu erreichen oder über die Küstenstraße Carretera 5 (s. S. 116).

ÜBERNACHTEN

CHINO

Schöner Blick vom Hügel aus auf die Bahia. Etwas kleine, aber saubere Zimmer. *20 Zi. | San Juan | Tel. 5 38 22 15 | €–€€*

AUSKUNFT

TOURISTENINFORMATION

Avda. Malecón 5 | Tel. 5 38 23 32

ZIELE IN DER UMGEBUNG

LOS HAÏTISES ★ (152 B2) (*K6*)

Der Nationalpark liegt ca. 20 km südlich an der Bucht von Samaná und ist nur mit dem Boot zu erreichen, entweder von Samaná aus oder über Sabana de la Mar. Der Park ist ein Karst- und Mangrovengebiet, in dessen Kanälen,

LOW BUDG€T

Mercado Modelo: Wer hier geschickt handelt, erzielt die besten Preise für Holzschnitzereien, haitianische Gemälde, Bernsteinschmuck und Rattanmöbel. *Mo–Sa 9–17 Uhr | Avda. Mella | Santomé | Santo Domingo*

Café de Paris: Restaurantbar mit guten Pizzen, Crêpes und Salaten für nur 4–10 US$. *Tgl. 8–23 Uhr | Malecón | Samaná*

Motoconchos: Die dominikanischen Motorradtaxis sind bei gutem Wetter und auf kurzen Strecken eine echte Alternative zu herkömmlichen Taxis. Preis vorher verhandeln!

Preiswert und freundlich: Das *Hotel Castilla* aus dem 19. Jh. hat Zimmer für 15–30 US$. *9 Zi. | Calle José del Carmen Ariza | Puerto Plata | Tel. 5 86 72 67 | sams.bar@codetel.net.do*

Flussmündungen und Buchten Sie eine Vielzahl verschiedener Vögel beobachten können. Doch nicht nur Vogelliebhaber, sondern auch Pflanzenfreunde werden hier ihre Entdeckungen machen.

SABANA DE LA MAR
(152 B2) (🕮 K–L6)

Das ehemalige Fischerdorf hat heute ca. 15 000 Einwohner und ist ein kleines, noch angenehm ruhiges Touristenzentrum. Es liegt gegenüber von Samaná in ca. 20 km Entfernung an der Südseite der Bucht. In der Nähe gibt es schöne Strände wie die *Bahía de la Jina*.

LAS TERRENAS ★ (152 B2) (🕮 K6)

Rund 20 km westlich, an der Nordküste der Halbinsel Samaná, liegt der ruhige Ort Las Terrenas (ca. 13 000 Ew.). Nach einer atemberaubenden Fahrt über die Hügelkette im Inneren der Halbinsel kommt man hinunter an die Küste und findet sich an der malerischen, sichelförmigen ● *Playa Bonita* inmitten von Palmenhainen und Bananenplantagen wieder.

In der INSIDER TIPP *Haitian Caraibes Art Gallery (Calle Principal 159)* können Sie außergewöhnliche Skulpturen, haitianische Gemälde, Voodoo-Bilder und Zigarren (mit eigener Marke) erstehen.

In der großen Freiluftdisko *Nuevo Mundo (Avda. Duarte)* kann man von 21 bis 2 Uhr zu Merengue und Latinomusik tanzen. Unterkunft finden Sie z. B. im einsam an einer Bucht gelegenen INSIDER TIPP *Hotel Atlantis (18 Zi. | Playa Bonita | Tel. 2 40 61 11 | www.hotel-atlantis.com | €€)* und im *Coyamar (10 Zi. | Playa Bonita | Tel. 2 40 51 30 | www.coyamar.com | €€)*.

Obst- und Gemüsestände auf dem Markt von Las Terrenas

SANTO DOMINGO

KARTE IM HINTEREN UMSCHLAG
(152 B2) (🕮 K7) **Santo Domingo (3 Mio. Ew.), die Hauptstadt der Domi-**

nikanischen Republik, ist ein unüberschaubarer Moloch – mit einem schönen, ehrwürdig alten Gesicht, der Zona Colonial, aber auch mit hässlichen Fratzen, Betonburgen und Armenvierteln.
Santo Domingo de Guzmán, wie die Stadt heute mit vollem Namen heißt, war im 16. Jh. der wichtigste Ort in den spanischen Kolonien. Bartolomé Kolumbus, der Bruder des großen Entdeckers, gründete auf der Westseite des Río Ozama das Städtchen Nueva Isabel, das schon bald von einem Sturm zerstört wurde.
Die Neugründung am Westufer war der Ursprung des heutigen Santo Domingo. Vor ihrer Umsiedlung nach Mexiko-Stadt residierten hier die Vizekönige, die im Namen ihrer katholischen Majestäten die spanischen Länder in der Neuen Welt regierten. Hier sammelten sich die beladenen Silberschiffe auf ihrem langen Weg zurück in die Heimat, von hier aus zogen Konquistadoren aus auf der Suche nach neuen Ländern, Schätzen und Wundern.
Aber auch Katastrophen und Unglück hat die Stadt erlebt. So plünderte Ende des 16. Jhs. der englische Weltumsegler Francis Drake im Auftrag seiner protestantischen Königin Elizabeth I. die Stadt und hinterließ wenig mehr als ein Trümmerfeld.

CITY **WOHIN ZUERST?**
Erkunden Sie die Zona Colonial am besten von der **Plaza España (U F4)** ***(🕮 f4)*** aus. Die Plaza Colón mit Catedral de Santa Maria la Mar und Panteón Nacional und auch der Malecón können von hier aus gut zu Fuß erreicht werden. Bushaltestellen: Avda. 27 Febrero und Leopoldo Navarro, westlich der Zona Colonial.

1992 wurde Kolumbus zu Ehren das *Faro a Colón*, ein gigantisches, in Kreuzform gehaltenes Grabmal, als Wahrzeichen der Stadt errichtet.

SEHENSWERTES

MUSEO DE LAS CASAS REALES
(U F4) *(🕮 f4)*
Hier sind drei Jahrhunderte dominikanischer Geschichte dokumentiert, vom 16. Jh. bis zur Unabhängigkeit von Spanien (1821). Neben vielen Exponaten zur Alltags- und Militärgeschichte gibt es eine besondere Attraktion: die Schätze aus zwei spanischen Galeonen, die vor der Küste Hispaniolas durch Hurrikane versenkt wurden. *Di–Sa 9–17, So 9–16 Uhr | Eintritt 100 RD | Calle Las Damas/Calle Mercedes*

PLAZA DE LA CULTURA (U A5) *(🕮 a5)*
Wer sich längere Zeit in Santo Domingo aufhält, sollte unbedingt die Plaza de la Cultura besuchen, die außerhalb der Zona Colonial liegt. Sehenswert sind hier die Nationalbibliothek und das Nationaltheater, ein gutes naturkundliches sowie ein nicht weniger qualitätvolles völkerkundliches Museum. *Museo de Historia Natural: Di–So 10–17 Uhr | Museo del Hombre Dominicano: Di–So 10–17 Uhr | Eintritt 100 RD*

ZONA COLONIAL ★
Die historische Altstadt von Santo Domingo ist wie die Altstädte von Havanna und San Juan kulturelles Erbe der einstigen Kolonialmacht Spanien.
Zwischen der Plaza España und Fluss erhebt sich der *Alcázar de Colón ((U F4) (🕮 f4) | Di–Sa 9–17, So 9–16 Uhr | Eintritt 100 RD und ein Trinkgeld für den Führer | Calles Emiliano Tejera y Las Damas)*, in dem Mitglieder der Kolumbus-Familie gelebt haben. Ab Mitte des 16. Jhs. wurde der Palast nicht mehr bewohnt. 400 Jahre

Seefahrer mit Selfie-Stick auf der Plaza Colón vor der Kathedrale Primada de America

später wurde er renoviert und in ein *Museum* umgewandelt. Dieses vermittelt einen guten Eindruck von den Wohnverhältnissen der frühen Kolonialzeit, wenn auch viele Ausstellungsstücke Nachbildungen sind. Im vorderen Teil der *Casa de Bastidas* *((U F5) (f5) | Di–So 9–17 Uhr | Eintritt 100 RD | Calles Las Damas y El Conde)* finden Ausstellungen moderner Kunst statt. Mindestens ebenso attraktiv wie der Gebäudekomplex sind die *Gartenanlagen* des Innenhofes mit alten Bäumen, unter denen Amphoren dekorativ platziert sind. An der Nordseite des Hofes kann man durch ein Gitter einen Blick in einen Teil des Tunnelsystems werfen, das sich in der Kolonialzeit weit unter der damaligen Stadt hinzog.

Die *Catedral de Santa María la Menor* *((U F5) (f5) | tgl. 9–16 Uhr | Calle Arzobispo Meriño)* ist nicht nur das beherrschende Bauwerk an der Plaza de Colón, sondern auch die älteste Kathedrale in der Neuen Welt. Schon 1502 wurden hier – vermutlich nur in einer kleinen Hütte – Gottesdienste abgehalten. Sie wurde durch ein stattlicheres Gebäude ersetzt, das Mitte des 16. Jhs. fertiggestellt wurde. Das Innere der gotischen Kathedrale ist in seiner schlichten Größe beeindruckend. In einer Seitenkapelle steht der *Sarkophag*, in dem bis 1990 die Gebeine des Christoph Kolumbus gelegen haben sollen (die Gelehrten streiten über ihre Echtheit), bevor sie in das im Osten der Stadt liegende Faro a Colón überführt wurden.

Im *Panteón Nacional* *((U F5) (f5) | Di–So 8–16 Uhr | Eintritt frei | Calle Las Damas)*, einem ehemaligen Jesuitenkloster, richtete der Diktator Trujillo 1955 eine Grabstätte für die dominikanischen Nationalhelden ein. Der riesige Kronleuchter war ein Geschenk des spanischen „Amtskollegen" Franco.

ESSEN & TRINKEN

ADRIAN TROPICAL (0) *(⊞ 0)*
Authentisches, am Malecón gelegenes Lokal mit typisch kubanischer Küche. INSIDER TIPP Das Mofongo ist ein Gedicht, ebenso gut sind die Fruchtsäfte. *Avda. George Washington 2 | Tel. 2 21 17 64 | €*

LA BRICIOLA (U F5) *(⊞ f5)*
Elegante Atmosphäre und Candlelight-Dinner in einem restaurierten Palacio. In der ebenso eleganten, angeschlossenen Bar *Doubles* bekommt man das Essen preiswerter! *Calle Arzobispo Meriño 152 | Tel. 6 88 50 55 | €€€*

FONDA DE LA ATARAZANA (U F4) *(⊞ f4)*
Das Restaurant liegt in unmittelbarer Nähe des Alcazár de Colón an einer der alten Straßen der Hauptstadt. Im Innenhof kann man angenehm sitzen und gut essen. *La Atarazana 5 | Tel. 6 89 29 00 | €€*

MESÓN DE BARI (0) *(⊞ 0)*
Frische Meeresfrüchte und ein Steak *filet encebollado* zum Niederknien. *Hostos 302 y Ureña | Tel. 6 87 40 91 | €€*

MESÓN DE LA CAVA (0) *(⊞ 0)*
Auf einer Wendeltreppe geht es hinab in eine Höhle. In diesem Ambiente kommen internationale und kreolische Köstlichkeiten auf den Tisch. Rechtzeitig reservieren! *Parque Mirador del Sur | Tel. 5 33 28 18 | €€€*

EINKAUFEN

Die modernen Einkaufsstraßen der Hauptstadt sind die *Calle Duarte* und *Calle El Conde*.

LA ATARAZANA (U F4) *(⊞ f4)*
Schon zu Kolonialzeiten war diese Gasse ein Zentrum für Handel und Kommerz. Heute sind die Geschäfte auf die Touristen in der Zona Colonial spezialisiert. *Gegenüber dem Alcazár de Colón*

AM ABEND

CASA DE TEATRO
Kleines Theater mit Galerie, Kabarett und Livemusik. *Eintritt variiert | Calle Arzobispo Meriño 11*

GUÁCARA TAÍNA ★ (U E5) *(⊞ e5)*
Riesendisko in einer Höhle mit Stalaktiten und Wandmalerei. Livebands und Merengue-Workshops. *Tgl. ab 21 Uhr | Parque Mirador | Avda. Cayetano Germosén*

ÜBERNACHTEN

INSIDER TIPP **CASA NAEMIE**
(U C5) *(⊞ c5)*
Das kleine Boutique-Hotel liegt sehr zentral, dennoch ist es ruhig und hat einen sehr schönen, grünen Innenhof. Gemütliche Zimmer, extrem freundliches Personal! *11 Zi. | Calle Isabel La Catolica 11 | Zona Colonial | Tel. 6 89 22 15 | www. www.casanaemi.com | €–€€*

INSIDER TIPP **HOTEL PALACIO**
(U E5) *(⊞ e5)*
Alter Stadtpalast, die renovierten Zimmer sind mit dunklen Stilmöbeln und feinen Fliesen dekoriert. Mit Pool. *40 Zi. | Calle Duarte 106 | Zona Colonial | Tel. 6 82 47 30 | www.hotel-palacio.com | €€*

AUSKUNFT

SECRETARÍA DE ESTADO DE TURISMO
(U F5) *(⊞ f5)*
Isabel La Católica 103 | Parque Colón | Tel. 6 83 38 58

PUERTO RICO

„Welcome to America!" Puerto Rico (3,7 Mio. Ew.) lässt keinen Zweifel aufkommen: Sie befinden sich auf dem Boden der Vereinigten Staaten.

Schon die Prozeduren von Einwanderungsbehörden und Zoll am Flughafen erinnern an den John F. Kennedy Airport in New York – nur dass die Warteschlangen hier nicht ganz so lang sind. San Juan ist mit seinen Hochhäusern, Stadtautobahnen und dem Verkehrsaufkommen eindeutig eine US-amerikanische Großstadt, allerdings mit lateinamerikanischem Einschlag.

Auf der Insel selbst, außerhalb der Stadt, zeigt sich das spanische Erbe weitaus unverfälschter, ohne den oberflächlichen Glanz der Metropole San Juan. Auch wenn in den kleinsten Orten die Straßenkreuzer aus Detroit das Bild bestimmen: Hier hilft manchmal sogar die englische Sprache nicht weiter, ohne Spanisch geht nichts.

Urlauber werden am ehesten die Altstadt von San Juan kennenlernen wollen, die neueren Stadtteile Isla Verde und Condado mit ihren großen Hotels sowie die Nordküste, an der die beliebtesten Strände liegen. Aber Sie sollten auch die Schönheit des Landesinneren erkunden. Die endlosen Ananasfelder, die Bananenhaine und die sanften Hügel der Cordillera Central veranlassen Sie möglicherweise sogar, auf der Ruta Panorámica die Insel von Osten nach Westen zu durchqueren. Vielleicht statten Sie auch Ponce, der zweitgrößten Stadt Puerto Ricos, einen Besuch ab.

Bild: Hotel El Convento und die Kathedrale San Juan Bautista in der Altstadt von San Juan

Hier ähnelt zwar vieles dem Leben in den USA, aber der besondere lateinamerikanische Flair ist trotzdem nicht zu leugnen

MAYAGÜEZ

(153 D2) (🗺 M7) **Die drittgrößte Stadt (104 000 Ew.) Puerto Ricos liegt an der Westküste, in einer Gegend, die ihrer schönen Strände wegen bei Badeurlaubern und Surfern beliebt ist.**

Mayagüez selbst ist modern und weltoffen, hält aber nur wenige Sehenswürdigkeiten bereit. Nach einem verheerenden Erdbeben Anfang des 20. Jhs. musste die Stadt vollkommen neu aufgebaut werden – alte Gebäude sind daher kaum noch zu sehen.

Die große Thunfischverarbeitungsanlage gibt vielen Einwohnern Arbeit; hier werden über die Hälfte der Thunfischdosen gefüllt, die in den USA verzehrt werden.

SEHENSWERTES

ESTACIÓN EXPERIMENTAL AGRÍCOLA FEDERAL

Die Anlage untersteht dem US-Landwirtschaftsministerium und ist eine der

Hoffentlich ist der Name des Strandes kein schlechtes Omen: Crashboat Beach mit Fischerbooten

weltweit größten Sammlungen tropischer und subtropischer Pflanzen und Gehölze, die hier in Zusammenarbeit mit der Universität von Puerto Rico erforscht werden. *Mo–Fr 7–16 Uhr | Eintritt frei | Route 65*

MAYAGÜEZ ZOO

Der Zoo lohnt einen Besuch, weil hier versucht wird, die Tiere in möglichst artgerechter Umgebung zu halten. *Mi–So 9–16 Uhr | Eintritt 13 US$ | Route 108 | Barrio Miradero*

PLAZA COLÓN

Der große Platz im Zentrum von Mayagüez ist umrahmt von einem neo-klassizistischen Rathaus mit schönem Uhrturm, einer Statue von Christoph Kolumbus und verschiedenen anderen *Bronzestatuen*. Hier entspannen die Einheimischen im Schatten der Bäume gerne und spielen oft Domino. Das *Teatro Yagüez* ist etwas nördlich gelegen und belohnt einen kleinen Abstecher mit seinen bunt gemusterten Art-Nouveau-Fenstern.

ESSEN & TRINKEN

EL CASTILLO RESTAURANT

Internationale und karibische Küche. Es gibt täglich ein Lunchbuffet und jeden Freitag ein „Seafood Festival". *Mayagüez Resort | Route 104 | Tel. 8 32 30 30 | €–€€*

MANA'S CAFE

Familienbetriebenes, kleines Restaurant mit hervorragender puertorikanischer Küche. *Tgl. 10–17 Uhr | Calle Mendez Vigo | Tel. 8 33 11 25 | €*

EINKAUFEN

MAYAGÜEZ MALL

Ein Einkaufszentrum amerikanischer Prägung an der *Plaza del Mercado*. Auch sonst gibt es um die Plaza herum interessante Geschäfte.

ÜBERNACHTEN

HOTEL COLONIAL

Helle, saubere Zimmer mit viel Komfort mitten in Mayagüez. *29 Zi. | Calle Iglesia 14 South | Tel. 8 33 21 50 | www.hotelcolonial.com | €–€€*

MAYAGÜEZ RESORT & CASINO

Das Hotel liegt einige Kilometer nördlich der Stadt auf einem Hügel mit Blick auf den Hafen. *141 Zi. | Route 104 | Tel. 8 32 30 30 | www.mayaguezresort.com | €€–€€€*

AUSKUNFT

TOURIST OFFICE

Plaza Colón/Candelaria 53 | Tel. 8 32 58 82

ZIELE IN DER UMGEBUNG

AGUADILLA (153 D2) (*M6*)

Die 25 km nördlich von Mayagüez gelegene Küstenstadt (20 000 Ew.) behauptet, der Ort zu sein, an dem Kolumbus zuerst seinen Fuß auf Puerto Rico setzte. Leider hat der Entdecker den Namen Aguadilla in seinem Bordbuch nicht festgehalten, sodass die Nachbarstadt Aguada diese Ehre ebenfalls für sich in Anspruch nehmen kann. Immerhin hat Aguadilla einen schönen Badestrand mit guten Möglichkeiten zum Surfen.

CABO ROJO (153 D3) (*M7*)

Das „Rote Kap" ist eine Halbinsel an der Südwestspitze Puerto Ricos. Hier, 20 km südlich von Mayagüez, ist wenig los, außer vielleicht am INSIDER TIPP *Strand von Boquerón*, der von den Einheimischen zu den schönsten der Insel gezählt und dementsprechend frequentiert wird. Vom *Cabo-Rojo-Leuchtturm* aus, am südlichsten Zipfel der Insel, genießen Sie einen einzigartigen Blick auf die Umgebung.

RINCÓN (153 D2) (*M7*)

Neben den schönen Stränden, die sich allerdings viel eher zum Surfen und Sonnenbaden als zum Schwimmen eignen, verfügt der 6000-Einwohner-Ort 20 km nördlich von Mayagüez vor allem über eine Attraktion: das Hotel ★ *Horned Dorset Primavera (33 Zi. | Apartado 1132 | Rincón | Route 429 | Tel. 8 23 40 30 | www.horneddorset.com | €€€)*. Hierher kommt man, um zu entspannen, in der Sonne zu liegen, den Pool oder die Gartenanlagen zu betrachten. Jedes der Zimmer – eigentlich eher kleine Suiten – hat seinen

MARCO POLO HIGHLIGHTS

★ Horned Dorset Primavera
Das ideale Hotel für Müßiggänger → S. 83

★ Ruta Panorámica
Aussichtsreich: Panoramastraße durch die Berge → S. 86

★ Tibes Indian Ceremonial Park
Die Taino-Kultstätte war eine Art Fußballplatz der Ureinwohner → S. 86

★ Altstadt von San Juan
Das reiche Erbe der Kolonialherren → S. 87

★ La Mallorquina
Mit Sicherheit die beste *asopao* in der Hauptstadt → S. 89

★ El Yunque Rain Forest
240 Baumarten im tropischen Regenwald → S. 91

individuellen Zuschnitt: mal zwei Etagen mit Terrasse, mal zwei durch einen Rundbogen verbundene Gemächer mit Balkon. Wer aus Etatgründen darauf verzichten muss, sollte sich wenigstens den Genuss eines Dinners nicht entgehen lassen.

INSIDER TIPP SAN GERMÁN

(153 D2) (*M7*)

Der kleine Ort (37 000 Ew.), 18 km südöstlich von Mayagüez, ist ein wahres historisches Juwel: eine einmalige Ansammlung spanischer Baukunst aus der Kolonialzeit mit kreolischen, neoklassizistischen und Art-déco-Einflüssen. Die wunderschöne kleine Kapelle *Porta Coeli* aus dem Jahr 1606 ist ein *Museum (Mi–So 8.30–12 und 13–16.30 Uhr | Eintritt 3 US$)* für religiöse Kunst mit Gemälden und Holzstatuen.

PONCE

(153 E2) (*M7*) **Ponce (160 000 Ew.) hat immer unter der übermächtigen Hauptstadt im Norden gelitten, der Rang als zweite Stadt Puerto Ricos hat vielen Bewohnern Ponces nicht behagt.** Dabei konnten sie zu Recht darauf verweisen, dass auch ihre Stadt ein vielfältiges und kulturelles Eigenleben führt und dass sie ein wichtiges wirtschaftliches Zentrum für die gesamte Südküste der Insel ist. Den Touristen hat Ponce einiges zu bieten. Sicherlich sind die Neubauviertel am Stadtrand nicht jedermanns Sache, aber die INSIDER TIPP *Altstadt* mit ihren Plätzen und Gässchen wirkt sehr viel spanischer als die meisten anderen Orte auf der Insel.

SEHENSWERTES

CATEDRAL NUESTRA SEÑORA DE GUADALUPE

Die Kathedrale thront in strahlendem Weiß an der Plaza Degetau. Gewidmet ist das Gotteshaus der Schutzheiligen der Stadt: „Unserer Lieben Frau von Guadaloupe", wie dessen Name übersetzt heißt. Ihr zu Ehren zieht einmal im Jahr eine große, farbenfrohe Prozession durch die Straßen der Stadt. *Mo–Fr 6–13, Sa/So 6–20 Uhr | Plaza de Ponce*

INSIDER TIPP MUSEO DE ARTE DE PONCE ●

Das Museum ist einzigartig in der ganzen Karibik. Das Gebäude ist ein Meisterwerk moderner Architektur, in den lichtdurchfluteten Räumen ist eine Fülle alter europäischer und moderner Kunst zu sehen: eine umfangreiche Barocksammlung, präraffaelitische Gemälde, präkolumbische Keramik, Art nouveau. Da es kaum möglich ist, alles bei einem Besuch zu genießen, sollten Sie sich zwei oder drei Tage Zeit nehmen. *Mi–Mo 10–18 Uhr | 2325 Avda. Las Américas | Eintritt 6 US$ | www.museoarteponce.org*

MUSEO DE LA HISTORIA DE PONCE

In zehn Ausstellungsräumen veranschaulichen Fotografien, Erinnerungsstücke, Dokumente und Modelle die Geschichte der Stadt. *Di–So 8–17 Uhr | Eintritt 3 US$ | Calle Isabela 51–53*

PARQUE DE BOMBAS

Die Feuerwehrwache der Stadt ist vermutlich die größte Touristenattraktion. Der Grund: Man kann sich kaum vorstellen, dass das schwarz-rote Unikum vom Ende des 19. Jhs. mit seinen Simsen und halbrunden Fenstern einem so praktischen Zweck dient. *Tgl. 9–17 Uhr | Plaza de Ponce*

PLAZA DE PONCE

Der Hauptplatz von Ponce besteht eigentlich aus zwei Plazas: der *Plaza Degetau* und der *Plaza Múñoz Rivera.* Mit ihren großen, Schatten spendenden Bäumen und dem kühlen Granitpflaster ist die Plaza de Ponce ein guter Ort zum Flanieren und Ausruhen. *Route 1*

ESSEN & TRINKEN

INSIDER TIPP LOLA

Exzellente puertorikanische Küche mit frischen Zutaten. Besonders empfehlenswert ist das Cassava Mofongo. *Plaza de Ponce | Calle Union | Tel. 8 13 50 33 | €€*

EINKAUFEN

Der städtische Markt findet auf der *Plaza del Mercado* statt. In der *Calle Mayor* gibt es mehrere interessante Geschäfte.

ÜBERNACHTEN

HOTEL BÉLGICA

Das Hotel im historischen Zentrum bietet große, geschmackvoll eingerichtete Zimmer und freundlichem Service. *20 Zi. | 122 Calle Villa | Tel. 8 44 32 55 | www.hotelbelgica.com | €–€€*

HOTEL MELIÁ

Traditionelles Hotel mit schöner Dachterrasse im historischen Zentrum. *78 Zi. | 2 Cristina Street | Tel. 8 42 02 60 | www.hotelmeliapr.com | €€*

AUSKUNFT

TOURIST OFFICE

Parque de Bombas | Tel. 2 84 33 38

ZIELE IN DER UMGEBUNG

PARGUERA (153 D2) (*M7*)

Die *Phosphorent Bay* bei Parguera (ca. 45 km westlich von Ponce) ist zwar nicht einmalig, aber ein besonders beeindruckendes Exemplar des Naturphänomens

Antikes Feuerwehrauto und prächtiges Interieur in Ponces Parque de Bombas

Im Tibes Indian Ceremonial Park

von fluoreszierendem Wasser. Sie erreichen die Gewässer von Parguera aus auf einem der vielen Boote, die im Hafen ihre Dienste anbieten. Draußen können Sie dann das Schillern des Kielwassers beobachten oder mit der Hand eigene Muster ins Wasser zeichnen. Das eigenartige Irisieren des Wassers wird von einer Algenart verursacht.

RUTA PANORÁMICA ★

(153 D–F2) (*M–N7*)
Die Panoramastraße trägt ihren Namen zu Recht. Sie beginnt im Osten der Insel bei *Yabucoa* und windet sich auf einer Länge von 265 km über die Höhen und durch die Täler der Cordillera Central bis an die Westküste bei Mayagüez. Von Ponce aus können Sie sie auf verschiedenen Wegen erreichen und dann entweder gen Osten oder Westen fahren. Einmalige landschaftliche Erlebnisse sind Ihnen auf jeden Fall sicher, und Sie bekommen auch einen Einblick in das Alltagsleben der Land- und Bergbevölkerung. Die Ruta ist relativ gut ausgeschildert, aber Sie sollten die Touristenkarte dabeihaben, die auf Puerto Rico überall erhältlich ist. In der Karte ist der genaue Verlauf der Strecke farbig markiert.

TIBES INDIAN CEREMONIAL PARK ★

(153 D–E2) (*M7*)
Auf diesem Gelände ca. 10 km nördlich von Ponce liegen neben einer Gräberstätte mehrere *bateyes,* Plätze, auf denen die Ureinwohner der Insel, die Taino-Indianer, eine Art Fußballspiel aufführten – Ähnliches ist von den Azteken und Mayas des zentralamerikanischen Festlandes bekannt. Halb Sport, halb Gottesdienst, ähnelte das Spiel vermutlich dem spanischen Pelota. Die Anlagen sind relativ gut erhalten. Außerdem gibt es ein nachgebautes Taino-Dorf und ein Museum. Unter einem der *bateyes* finden sich Zeugnisse vorkolumbischer Menschenopfer: irdene Töpfe und Knochen. *Di–So 9–16 Uhr | Eintritt 3 US$ | Tel. 8 40 22 55 | westlich von Utuado an der Route 503*

SAN JUAN

(153 E2) (*N6*) **Die Hauptstadt Puerto Ricos (ca. 400 000 Ew.) ist ein Teil Florida, ein Teil New York, ein Teil Altspanien – und das alles unter karibischer Sonne.**

Hier braust der Verkehr wie in zahllosen anderen Metropolen der USA, sodass man sich manchmal kaum über die Straße traut. Hier können Touristen sich wochenlang jeden Tag in einem anderen Fastfood-Etablissement satt essen.

WOHIN ZUERST?
Von der Festung **San Felipe del Morro** aus liegt Ihnen die Altstadt von San Juan zu Füßen. Von hier aus spazieren Sie zum Casa Blanca, weiter zur Catedral San Juan Bautista und von dort aus zum Alcaldía, dem Rathaus an der Plaza de Armas. Parkgarage Paseo Portuario Estacionamiento zwischen Calle del Recinto Sur und Comercio.

Hier stehen in den Geschäftsvierteln die Hochhäuser, hier regiert der Dollar das Geschehen. Dennoch vereint sich in dieser Stadt die liebenswürdige Offenheit der US-Amerikaner mit dem überschäumenden Temperament der spanischstämmigen Bevölkerung. Man findet leicht Kontakt, vor allem, wenn man ein paar Sätze Spanisch kann.

SEHENSWERTES

ALTSTADT ★

Die Altstadt von San Juan ist ein einziges Freilichtmuseum, und insofern erinnert sie an Alt-Havanna oder an die Altstadt von Santo Domingo. Hier wie dort lebt das Erbe der Spanier fort, die ehemalige Kolonialmacht hat die Gesichter dieser Städte unverwechselbar geprägt. Für zielstrebige Besucher steht an oberster Stelle die Festungsanlage *San Felipe del Morro (tgl. 9–16 Uhr | Eintritt 5 US$)* an der Nordwestspitze der Halbinsel, die von den Spaniern zum Schutz des Hafens errichtet wurde. Nach einer Besichtigung der Anlage, die sich über verschiedene Ebenen hinzieht und mit ihren Gängen, Kellern, Zinnen, Plätzen, Türmen und Verliesen einer eigenen kleinen Stadt gleicht, ist es leicht, sich vorzustellen, dass El Morro ein harter Brocken für Angreifer war.

Am Condado Beach kann man vor lauter Hoteltürmen San Juan im Hintergrund nur erahnen

Die zweite Festung schützte San Juan gegen Angriffe vom Land aus. *San Cristóbal (tgl. 9–16 Uhr | Eintritt 5 US$)* aus dem 18. Jh. ist jüngeren Datums als El Morro und niemals in Feindeshand gefallen.

In der dritten alten Befestigungsanlage der Altstadt, *La Fortaleza (außer an Feiertagen Mo–Fr 9–17 Uhr)*, residiert der jetzige Gouverneur der Insel, der jüngste einer langen Reihe von über 170 Amtsinhabern, die von hier aus die Geschicke der Insel lenken.

Die *Kathedrale* von San Juan *(tgl. 8–17 Uhr | Cristo 153)* stammt großteils aus dem 19. Jh., obwohl ihre Anfänge bis ins frühe 16. Jh. zurückreichen. Besonders sehenswert sind die geschwungene Freitreppe und der Marmorsarkophag mit den sterblichen Überresten des ersten Gouverneurs der Insel, Ponce de León. Ursprünglich war Ponce de León in der *Iglesia de San José (tgl. 9–16 Uhr | Plaza de San Juan)* bestattet worden, die fast ebenso alt wie die Kathedrale ist und sich durch ihre gotische Architektur auszeichnet. Besonders das Innere der Kirche wirkt schlicht und sehr erhaben. Neben der Kirche liegt an der *Plaza de San José* das ehemalige Dominikanerkloster, das *Convento de Santo Domingo (Di–Sa 9–12 und 13–17 Uhr | Norzagaray 98 | Plaza de San José)*.

Das Rathaus, die *Alcaldía (Mo–Fr 8–16 Uhr)*, ist ein schönes Gebäude an der Plaza de Armas, deren Baubeginn auf das frühe 17. Jh. datiert ist. Vollendet wurde der Bau allerdings erst im Jahr der Französischen Revolution. Er ist dem Rathaus von Madrid nachgebaut, mit einem stillen Innenhof und einer Galerie im ersten Stockwerk.

Das älteste Gebäude der Stadt, sogar das älteste erhaltene Haus Puerto Ricos, ist die ehemalige Residenz der Nachfahren des ersten Gouverneurs Ponce de León, die INSIDER TIPP *Casa Blanca (Mi–So 9–16.30 Uhr | Eintritt 3 US$ | Calle San Sebastián 1)* nahe El Morro. Am *Callejón de la Capilla*, einer typischen Altstadtgasse, steht die *Casa de Callejón*, ein koloniales Wohnhaus aus dem 18. Jh., in dem das *Museo de la Arquitectura Colonial* und das *Museo de la Familia Puertoriqueña* untergebracht sind. Neben den historischen Gebäuden und den kleinen Gassen sind es vor allem die Plätze der Altstadt, die ein unverwechselbares Bild prägen. Schön anzusehen sind die *Plaza de Colón* mit einer Statue des Entdeckers Christoph Kolumbus, die *Plaza de Armas* mit dem Rathaus und die *Plaza de San José* mit der gleichnamigen Kirche und dem Dominikanerkloster.

BOTANISCHER GARTEN

Der Besuch des fast 0,6 km² großen Gartens ist eine gute Möglichkeit, erste Bekanntschaft mit der vielfältigen Inselflora zu schließen. Neben einheimischen Bäumen und Büschen wachsen hier auch viele Pflanzen aus anderen tropischen und subtropischen Gebieten der Welt. Besonders bemerkenswert ist die Sammlung einheimischer Orchideen, die durch viele schöne Züchtungen ergänzt wird. *Tgl. 6–18 Uhr | Eintritt frei | Barrio Venezuela | Route 1, an der Kreuzung Route 847*

FUERTE SAN GERÓNIMO

Kleine Festungsanlage aus dem Jahr 1788 in der Nähe des Caribe Hilton. Es lohnt sich, auf die Wälle zu klettern, um den Blick auf Condado zu genießen. Leider ist der Zugang manchmal geschlossen. *Im Osten | Puerta de Tierra*

MUSEO PABLO CASALS

Das Haus mit dem wohlklingenden Namen, in dem der berühmte spanische Cellist Pablo Casals starb, ist zu einer kleinen Gedenkstätte umgewandelt worden, in der Noten, Musikinstrumente und andere Memorabilien ausgestellt

In San Juans Bars muss niemand lange durstig bleiben – und die Auswahl ist auch beachtlich

sind. *Di–Sa 9.30–16 Uhr | Eintritt 1 US$ | Calle San Sebastián 101*

SAN JUAN MUSEUM
Der renovierte Marktplatz aus dem 19. Jh. dient als Kulturzentrum. Hier finden Kunstausstellungen, Konzerte und Festivals statt. *Di–So 9–12 und 13–16 Uhr | Eintritt frei | Calle Norzagaray | Tel. 7 24 18 75*

ESSEN & TRINKEN

INSIDER TIPP DRAGONFLY
Karibischer Klassiker mit asiatischem Flair. Roter Essraum aus dem Shanghai der 1930er-Jahre. *Calle Fortaleza 364 | Tel. 9 77 38 86 |* €€

LA MALLORQUINA ★
Angeblich das älteste Restaurant in San Juan. Die Küche zeichnet sich aus durch eine Mischung aus spanischen und puerto-ricanischen Spezialitäten (probieren Sie das Reisgericht *asopao*). Besonders angenehm wegen der schönen, alten Einrichtung und der diskreten, schnellen Bedienung der Kellner. *San Justo 207 | Old San Juan | Tel. 7 22 32 61 |* €€

MARMALADE
Das angesagteste Restaurant der Stadt! Orange-weißes Dekor, schwarze Barhocker und Loungechairs mit weichen Kissen. Das Essen ist superb! *Mo–So 17.30–22 Uhr | Calle Fortaleza 317 | Tel. 7 24 39 69 |* €€

EINKAUFEN

CALLE FORTALEZA
Die Straße der Kunstgalerien und Boutiquen. *Old San Juan*

PLAZA LAS AMÉRICAS
Das größte Shoppingcenter in der ganzen Karibik. *Hato Rey | 4 km südlich von San Juan*

PUERTO RICAN ARTS AND CRAFTS
Eine reiche Auswahl an puerto-ricanischem Kunsthandwerk finden Sie in diesem Geschäft in der Altstadt. *Fortaleza 204 | Old San Juan*

AM ABEND

NUYORICAN CAFÉ

Livemusik, Dichterlesungen, Talentshow. *Di–Do 20–3 Uhr | Calle San Franzisco 312 | Old San Juan | Tel. 9 77 12 76*

BABYLON

Hier geht am Wochenende die Post ab! *Do–Sa ab 21 Uhr | Eintritt US$ 10 | im Wyndham El San Juan Hotel | Isla Verde | Tel. 7 91 27 81*

EL FAROLITO

Kleine, angesagte Bar und Hangout für Künstler, Musiker und Reisende. Gute Piña Colada. *277 Calle Sol*

LOW BUDG€T

Sammeltaxis in Puerto Rico heißen *públicos* und haben gelbe Nummernschilder. Die Hauptstände *(Centro de Públicos)* in San Juan sind am Flughafen, in Río Piedras und an der Plaza de Colón. Eine Fahrt nach Ponce kostet 8 US$, nach Mayagüez 12 US$.

Günstiges Frühstück und solides Essen (unter 10 US$) bietet die *Cafeteria Mallorca (Calle San Francisco 300 | San Juan)*.

In Old San Juan kann man an jedem ersten Dienstag im Monat bis spät abends gratis Kunstgalerien besuchen und dazu ebenfalls umsonst Wein verkosten.

In Puerto Rico ist zelten, selbst an öffentlichen Stränden, möglich. Auskunft: *Companía de Parques Nacionales | Tel. 6 22 52 00 | www.cpnpr.com*

ÜBERNACHTEN

CARIBE HILTON INTERNATIONAL

Das Hilton ist das Vorbild aller großen Hotels in der Karibik. Es ist immer noch ein Erlebnis, hier zwischen der Altstadt und dem modernen Viertel Condado am Wasser zu wohnen – auch wenn der Glanz nicht mehr ganz so frisch ist wie einst. *602 Zi. | Muñoz Rivera | Tel. 7 21 03 03 | www.caribe.hilton.com | €€–€€€*

HOTEL EL CONVENTO

Ein ehemaliges Karmeliterkloster im spanischen Kolonialstil, der Speiseraum war früher die Kapelle. Mit schönem Garten und Swimmingpool. Exzellenter Service. *68 Zi. | Cristo 100 | Tel. 7 23 90 20 | www.elconvento.com | €€€*

HOTEL MILANO

Das dreistöckige Gebäude aus dem 19. Jh. hat ein Restaurant und eine INSIDER TIPP Bar auf dem Dach, von der aus man den Hafen und die Kreuzfahrtschiffe sieht. *30 Zi. | Calle Fortaleza 307 | Tel. 7 29 90 50 | www.hotelmilanopr.com | €€*

AUSKUNFT

CENTRO DE INFORMACIÓN

Luis Múñoz Marín International Airport | Isla Verde | Tel. 7 91 10 14 und 7 91 25 51

PR TOURISM COMPANY

Ochoa Bldg. | Calle Tonca/Comercio | Old San Juan | Tel. 7 21 24 00

ZIELE IN DER UMGEBUNG

CASA BACARDI VISITOR CENTER

(153 E2) *(N6)*

Die große Destillerie veranschaulicht die Herstellung des berühmten (ursprünglich kubanischen) Rums. Zum Ende der Tour gibt es für jeden Gast zwei Rumdrinks umsonst! *Mo–Sa 9–16.30, So 10–16.30 Uhr | Eintritt frei | www.visitcasabacardi.com | Cataño | ca. 5 km westl.*

DORADO (153 E2) (*M6*)
Das elegante Strandbad ca. 35 km westlich von San Juan wartet mit den exklusivsten Hotels der Insel auf. Der Favorit ist eindeutig das *Hyatt Hacienda del Mar (506 Zi. | Tel. 796300 | www.hyatthaciendadelmar.hyatt.com | €€€)* mit zwei Golfplätzen.

FAJARDO (153 F2) (*N7*)
Das kleine Städtchen an der Ostküste (ca. 48 km von San Juan entfernt) ist das beliebteste Angel- und Segelzentrum der Insel. Das beste Hotel in Fajardo ist das *El Conquistador (918 Zi. | Las Croabas | Tel. 8631000 | www.elconresort.com | €€€)*.

LUQUILLO BEACH (153 F2) (*N6*)
An den Wochenenden scheint sich ganz San Juan am 37 km östlich gelegenen Luquillo Beach zu treffen. Man aalt sich in der Sonne oder sitzt im Wasser und hält ein Schwätzchen mit Freunden, Nachbarn und Verwandten. Wenn auch der Strand hoffnungslos überfüllt ist: Die Atmosphäre lohnt einen Besuch. Ein großer Parkplatz, Duschen, Toiletten, Souvenirläden, Imbissstände und sogar Bademeister stehen zur Verfügung. *Von San Juan ca. ½ Stunde Fahrt auf der Route 3*

Reptil im Regenwald: Leguane kommen auf den Großen Antillen häufig vor

EL YUNQUE RAIN FOREST ★
(153 F2) (*N7*)
Der gut 112,5 km^2 große Nationalpark 95 km östlich von San Juan ist vom Auto aus nicht sehr beeindruckend – oder besser gesagt, nur dann beeindruckend, wenn man noch nie einen tropischen Regenwald gesehen hat. Dennoch ist der El Yunque Rain Forest ein Juwel. Seine vielfältige Schönheit erschließt sich nur dem, der sich die Mühe macht, ihn auf einem der Wanderpfade zu erkunden. *Caribbean National Forest | Rio Grande PR | tgl. 9–16 Uhr | Eintritt frei | Tel. 8881880 | www.fs.usda.gov/main/elyunque*

BAHAMAS

***Baja mar,* „seichtes Meer", tauften die spanischen Eroberer die inselübersäten Schelfbänke, die sich am Nordrand der Karibik in weitem Bogen von Florida bis zur Südspitze Kubas dehnen.**

Im türkisblauen Wasser am Wendekreis des Krebses liegen auf der Great und Little Bahama Bank gut 700 größere Inseln und über 2000 *Cayos* oder *Cays,* winzige Riffinseln. Nur 30 der Inseln sind jedoch besiedelt, gerade 16 haben auch Hotels und Restaurants. Ein ideales Revier also für moderne Robinsonurlauber und Wasserratten. Schwimmen, Tauchen, Schnorcheln und Segeln – dafür sind die Inseln ideal. Sogar die Nationalparks der Bahamas liegen zumeist unter Wasser, denn die weitgehend unberührte Korallenwelt ist die schönste Attraktion der Inseln.

Nach gut 300 Jahren als englische Kolonie wurden die Bahamas 1973 unabhängig, blieben aber im Britischen Commonwealth. Rund 350 000 Einwohner hat der Inselstaat heute. Zu 85 Prozent sind sie Nachfahren der von den Plantagenbesitzern importierten westafrikanischen Sklaven. Die meisten Bahamaer leben auf nur zwei Inseln: auf New Providence mit der Hauptstadt Nassau und auf Grand Bahama. Die übrigen Eilande sind hingegen nur spärlich besiedelt. Landwirtschaft ist auf den Koralleninseln schlecht möglich und auch Fischfang sowie Salzgewinnung geben nur einem geringen Teil der Einwohner Arbeitsplätze. Daher sucht der Staat sein Heil im Tourismus und im internationalen Banking: Fast 400 Geldinstitute bie-

Bild: Paradise Island bei Nassau

Hunderte von grünen Perlen im strahlend blauen Meer: Die Bahamas sind perfekt zum Baden und Faulenzen

ten in Nassau den Steuerflüchtigen einen sicheren Hafen.
Nassau und Freeport sind die Hochburgen des Tourismus. Für den Urlaub in Ruhe sollten Sie weiterziehen, nach Abaco etwa oder Eleuthera. Weiße Sandstrände und glasklares Wasser schimmern dort unter tropischer Sonne wie schon zu Kolumbus' Zeiten. Auf den 16 größeren erschlossenen Inseln gibt es Infobüros des Ministry of Tourism – überall sonst erhalten Sie Auskunft in den Hotels oder von den örtlichen Taxifahrern.

ABACO

(154 C1–2) (*E–F 1–2*) **Wie viele der bahamaischen Archipele wird auch Abaco oft als Einzelinsel bezeichnet. In Wahrheit umringen die gut 150 km lange Hauptinsel rund 120 kleinere Eilande. Zu Recht heißt die ganze Gruppe The Abacos.** Zum Atlantik hin erstreckt sich eine Kette von Cays, Riffinseln, die den bei Seglern sehr beliebten, fast 100 km langen Sund der „Sea of Abaco" umschließen.

In Hope Town auf Abaco blüht Hibiskus vor strahlend weißen Häuserfassaden

Auffällig ist, dass viele der rund 17 000 Bewohner weißer Hautfarbe sind. Sie stammen von Siedlern aus Neuengland ab, die nach 1783 hierher kamen, und sie sind stolz auf ihre Tradition als Bootsbauer und Fischer, als Wrackplünderer und Schmuggler. Kein Wunder, dass viele der Dörfer auf den Cays putzig und pastellbunt aussehen wie in Neuengland. Auf die schönste Art kann man sich die Abaco-Inseln vom Wasser aus erschließen. Wer nicht selbst ein Boot steuern will, tuckert mit Fähren vom Hauptort *Marsh Harbour* auf die Cays. Aber auch die Bootsmiete ist kein Problem: Die Handhabung der kleinen Motorboote ist einfach, ein Bootsführerschein nicht nötig.

SEHENSWERTES

HOPE TOWN ★

Das Postkartenstädtchen mit seinem rot-weiß gestreiften Leuchtturm liegt nur 15 Minuten Fährfahrt von Marsh Harbour entfernt. Bonbonbunte Holzhäuser mit tropischen Gärten prägen das Ortsbild. Das *Wyannie Malone Historical Museum (Nov.–Aug. Mo–Sa 10–16 Uhr | Eintritt 5 B$)* an der Gillam Street berichtet von den Pioniertagen. Auf der Ostseite der Insel befindet sich ein kilometerlanger Strand.

NEW PLYMOUTH

Ein idyllisches Nest im Zuckerbäckerstil auf Green Turtle Cay. Bis heute leben die 400 Einwohner weitgehend vom Fisch- und Langustenfang. Sehenswert ist der *Sculpture Garden* an der Parliament Street, wo mit Bronzebüsten an die ersten Siedler der Bahamas erinnert wird. Das *Albert Lowe Museum (So geschl. | Eintritt 5 B$)* nebenan erzählt ihre Geschichte.

ESSEN & TRINKEN

FIREFLY GRILL

Pure Romantik zum Sonnenuntergang bietet dieses Terrassenlokal im gleichnamigen Villen-Resort. Italienisch-bahamische Küche. *Elbow Cay | Tel. 3 66 01 45 | www.fireflysunsetresort.com |* €€€

HARBOUR'S EDGE
Uriges Restaurant mit Bar am Wasser. Am Wochenende spielen örtliche Bands. *1 Front Bay Street | Hope Town | neben dem Fähranleger | Tel. 3 66 00 87 |* €

JIB ROOM
Sehr beliebtes Hafenlokal. Mittwoch ist Rippchen-Abend, und INSIDER TIPP am Samstag gibt es fabelhafte Riesensteaks. Livemusik. Vorab reservieren. *Pelican Shores | Marsh Habour | Aug.–Okt. geschl. | Tel. 3 67 27 00 |* €€

WALLY'S
Koloniales Flair und verfeinerte bahamische Küche. *Bay Street | Marsh Harbour | Tel. 3 67 20 74 |* €€

FREIZEIT & SPORT

DIVE ABACO
Führungen und Tauchgänge im Schutzgebiet des *Pelican Cays Land & Sea Park:* Zu sehen gibt es Riffe, Meeresschildkröten und Unterwasserhöhlen. Auch Tauchkurse. *Bay Street | Marsh Harbour | Tel. 800 2 47 53 38 und Tel. 3 67 27 87 | www.diveabaco.com*

ISLAND MARINE
Vermietung von Motorbooten und kleinen Skiffs. *Abholung in Hope Town oder Marsh Harbour | Mitte Aug.–Mitte Okt. geschl. | Tel. 3 66 02 82 | www.islandmarine.com*

ÜBERNACHTEN

HOPE TOWN HARBOUR LODGE
Nettes Hotel im Zentrum. Einfache Zimmer im historischen Haupthaus am Hafen, Bungalows am Strand. *26 Zi. | Hope Town | Tel. 3 66 00 95 | www.hopetownlodge.com |* €€

HOPE TOWN HIDEAWAYS
Vermietung von Privathäusern für zwei bis acht Personen, rustikal oder luxuriös, im Ort oder am Strand gelegen. *Hope Town | Tel. 3 66 02 24 | www.hopetown.com und www.bahamas-hideaways.de |* €€–€€€

MARCO POLO HIGHLIGHTS

★ Hope Town
Treff der Segler: ein pastellfarbenes Piratenstädtchen wie aus dem Bilderbuch mit rot-weißem Leuchtturm und kilometerlangem Strand → S. 94

★ Pink Sands Beach
Der Traumstrand mit tatsächlich rosa schimmerndem Korallensand ist geradezu perfekt für Verliebte → S. 97

★ Lucayan National Park
Einblick in die Ökosysteme der Inseln: Kalksteinhöhlen, Mangrovenwälder und ein sehr schöner einsamer Strand → S. 99

★ Dolphin Encounters
Schwimmen mit Delphinen und Seelöwen auf einer vorgelagerten Insel – ein einzigartiges Erlebnis → S. 104

★ Atlantis Paradise Island
Das spektakulärste Megaresort der Bahamas – inklusive Haifischbecken, riesigem Erlebnisbad, Kasino und Showtheater → S. 104

★ Exumas
Eine spritzige Tour mit dem Powerboat bringt Sie zu unbewohnten Inseln und einsamen Stränden → S. 105

LOFTY FIG

Gut als Ausgangspunkt für Inseltouren: Sechs saubere Apartments ganz zentral in Marsh Harbour gelegen. *Tel. 3 67 26 81 | www.loftyfig.com* | €€

TREASURE CAY RESORT

Weitläufige, schon etwas ältere Anlage, allerdings mit traumhaftem Sandstrand. Restaurant und viele Wassersportangebote. *95 Zi. | Treasure Cay | Tel. 954 5 25 77 11 | www.treasurecay.com* | €€–€€€

ANDROS

(154 B–C3–4) (*M E2–3*) **Nach Andros fährt man zum Tauchen, denn auf der Ostseite der gut 170 km langen Insel bricht die Küste abrupt in eine Unterwasserschlucht ab.**

Die fast 2000 m tiefe „Tongue of the Ocean" wird von prächtigen Korallenbänken gesäumt. Mit rund 6000 km^2 Fläche ist Andros die größte Insel der Bahamas. Die 7400 Einwohner leben in Dörfchen entlang der Ostküste, die unwegsame Westseite besteht aus flachen Sandbänken und Wattgebieten.

ÜBERNACHTEN

SMALL HOPE BAY LODGE

All-Inclusive-Hotel für Taucher mit gemütlichen Hütten am Strand. *21 Zi. | Andros Town | Tel. 3 68 20 14 | www.smallhope.com* | €€

TIAMO RESORTS

Luxuriös und mit ökologischem Anspruch: Elf Bungalows und zwei Zimmer stehen direkt am Strand. Ideal für eine kleine Flucht aus dem Alltag. *South Andros | Tel. 2 25 68 71 | www.tiamoresorts.com* | €€€

ZIEL IN DER UMGEBUNG

BIMINI ISLANDS (154 A–B2) (*M D2*)

Der winzige Archipel rund 70 km nördlich von Andros ist die Welt Hemingways: 1935–37 verbrachte der Schriftsteller die meiste Zeit hier, soff und prügelte sich, jagte Marlins und schrieb an seinem Roman „Haben und Nichthaben". Ein Erlebnis für Angler sind die Inseln (2000 Ew.) noch heute, denn mit dem Golfstrom ziehen im Frühjahr Marlins und Thunfische nordwärts. Das legendäre *Compleat Angler Hotel* in Alice Town, Hemingways Lieblingshotel und -bar, wurde leider 2006 bei einem Brand zerstört. Bilder aus Hemingways Anglerzeiten und andere Einblicke in die wechselvolle Geschichte der Insel zeigt das *Bimini Museum (tgl. 10–19 Uhr | Eintritt 2 B$ | Kings Highway)*. Urige Bars gibt es aber noch heute: etwa die INSIDER TIPP *End of the World Bar* in Alice Town. Beliebt sind auf der Insel auch Touren zum Schwimmen mit wild lebenden Delphinen, wie sie etwa von ● *Wildquest (Porgy Bay | Tel. 5 61 96 49 466 | www.wildquest.com)* auf einwöchigen Delphinurlauben angeboten werden. Diese Touren sind für einige Teilnehmer fast spiritueller Natur, da sie durch den hautnahen Kontakt mit den Meeressäugern stark berührt werden.

ELEUTHERA/ HARBOUR ISLAND

(154–155 C–D 2–3) (*M F2–3*) **Nur 20 Flugminuten (oder zwei Bootsstunden mit der Schnellfähre) sind es von Nassau auf die 180 km lange, sehr schmale Insel Eleuthera.**

Doch es liegen Welten zwischen der rummeligen Hauptstadt und den verträumten Dörfern Eleutheras. Nur 11 000 Menschen leben hier. Eine einzige, oft holprige Straße verbindet die Nester, in denen Fischer und Farmer leben. Eleuthera liegt genau auf der Grenze zwischen den zivilisierten Inseln im Norden der Bahamas und den „wilden" Eilanden des Südens. So liegt im Norden Eleutheras auch *Harbour Island* mit Dunmore Town, einer der hübschesten Siedlungen der Bahamas. Der herrlich rosafarbene Strand und die gepflegten kleinen Hotels machen diesen Ferienort zu einem der beliebtesten Ziele der Out Islands.

SEHENSWERTES

GOVERNOR'S HARBOUR

1648 gingen hier die ersten Kolonisten der Bahamas an Land. Heute döst der 700-Seelen-Ort unter der heißen Sonne dahin. Fotogen ist vor allem die kleine Halbinsel *Cupid's Cay* mit ihren Kolonialhäusern.

HARBOUR ISLAND

An der Atlantikseite der Insel zieht sich der rosafarbene ★ ● *Pink Sands Beach* am blauen Meer hin. Auf der Buchtseite liegt *Dunmore Town* mit dem kleinen Hafen, wo auch die Fähren ablegen. Viele der pastellbunten Häuser und die großen Kirchen im verwinkelten Zentrum stammen aus dem 19. Jh. Die *Methodistenkirche (Dunmore Street/Chapel Road)* von 1843 ist besonders eindrucksvoll. In mehreren Kirchen des Ortes werden sonntags Gospel-Gottesdienste abgehalten.

TARPUM BAY

Das Städtchen im Südwesten Eleutheras hat sich in den letzten Jahrzehnten zur Künstlerkolonie entwickelt. Einige Ateliers können besichtigt werden.

ESSEN & TRINKEN

ROMORA BAY CLUB

Die Terrasse am Jachthafen ist das schönste Plätzchen für ein Sunset-Dinner mit

Spaß beim Zöpfeflechten – Alltagsszene auf Harbour Island

bahamischer Küche. *Colebrook Street | Dunmore Town | Tel. 3 33 23 25 |* €€

AM ABEND

Beliebtester Musikclub auf Harbour Island ist das *Daddy D's*, wo der DJ an den Wochenenden Reggae und Hiphop auflegt. Alternativ gibt es zum Sonnenuntergang kühles Kalik-Bier oder einen Cocktail in den Hafenbars *Beyond the Reef (Bay Street)* oder im *Valentine's Resort.*

Auf der Insel Grand Bahama sind auch Papageien heimisch

ÜBERNACHTEN

CORAL SANDS HOTEL

Luxuriöses kleines Hotel mit 36 Zimmern am schönsten Strand der Insel. Gutes Restaurant auf einer Terrasse am Meer. *Harbour Island | Tel. 3 33 23 50 | www.coralsands.com |* €€€

TINGUM VILLAGE

Nettes, einfaches Motel, nur wenige Schritte vom Strand entfernt. Das Publikum: junge Traveller aus Kanada, Amerika und Europa. INSIDER TIPP Restaurant mit selbstgemachtem bahamischem Brot und legendären Cheeseburgern. *19 Zi. | Colebrook Street | Harbour Island | Tel. 3 33 21 61 |* €

UNIQUE VILLAGE

Ferienhotel mit gemütlicher Atmosphäre an ruhigem Strand bei Palmetto Point. *16 Zi. | Governor's Harbour | Tel. 3 32 18 30 | www.uniquevillage.com |* €€

GRAND BAHAMA/ FREEPORT

(154 B1) *(E1)* **Freeport ist wie Klein-Canaria – buntes Strandleben, Sport und Spaß, schöne Golfplätze und Rummel in den Bars –, nicht zuletzt, weil Grand Bahama nur gut 80 km vor der Küste Floridas liegt.**

Für die Amerikaner sind es nur ein paar Stunden Bootsfahrt von Palm Beach oder Miami hierher. Und sie kommen: zum Angeln, Baden und zollfreiem Einkaufen. Mit rund 1400 km^2 Fläche ist Grand Bahama zwar nur die viertgrößte Insel des Landes, aber nach Nassau die beliebteste – vor allem auch für Kreuzfahrten. Gut 50 000 Menschen leben heute hier und machen Freeport zur zweitgrößten Stadt des Inselstaates. Die meisten sind Bahamaer, doch es gibt mittlerweile auch eine stattliche Kolonie betuchter Amerikaner und Europäer, die mit einem Wohnsitz in Freeport der Vermögens- und Erbschaftssteuer ihrer Heimatländer ein Schnippchen schlagen.

SEHENSWERTES

GARDEN OF THE GROVES

Historische Gartenanlage mit tropischen Pflanzen und zahlreichen Vogelarten. Café, Hochzeitskapelle. *Tgl. 9–16 Uhr | Eintritt 16,50 B$ | Magellan Drive | Freeport | www.thegardenofthegroves.com*

LUCAYAN NATIONAL PARK ★

Der gut 16 ha große Naturpark zeigt auf Lehrpfaden alle Vegetationszonen der Insel von Mangroven- bis Kiefernwäldern. Die Highlights: große Unterwasserhöhlen und der schöne *Gold Rock Beach*. *Eintritt 5 B$ | Grand Bahama Highway | 45 Min. östlich von Freeport*

PORT LUCAYA MARKETPLACE

Shopping- und Vergnügungszentrum am Yachthafen, abends oft Shows und Musik. *Sea Horse Road | Lucaya Beach*

RAND NATURE CENTER

In dem 0,4 km² großen Naturschutzgebiet mit ursprünglichem Kiefernwald gedeihen wilde Guaven, Mahagoni und kleine Palmenarten. *Mo–Fr 9–16, Sa 9–13 Uhr | Eintritt 5 B$ | East Settler's Way*

ESSEN & TRINKEN

BANANA BAY

Beliebtes Strandlokal, frischer Fisch und kalte Drinks. *Tgl. 10–17 Uhr | Fortune Bay Drive | Tel. 3 73 29 60 | €*

OUTRIGGER'S BEACH CLUB

Ein einfaches bahamaisches Dinnerlokal, das zum *Fish Fry* mit Liveband am Mittwochabend Hunderte Gäste anlockt. An anderen Abenden meist BBQ-Hühnchen oder Conch. *Smith's Point | Port Lucaya | Tel. 3 73 48 11 | €*

FREIZEIT & SPORT

GRAND BAHAMA NATURE TOURS

Halbtägige Jeep- und Ausflugstouren in das Hinterland der Insel, auch mit informativem Besuch des *Lucayan National Park* und zum *Peterson Cay National Park* mit seinen großen Karsthöhlen auf einer einsamen Insel. Dazu Schnorcheln und Picknick am Strand. *89 B$ |*

CONCHS

Sie stehen auf jeder Speisekarte, mit ihren Schalen werden Straßen geschottert, und am Souvenirstand schimmern sie einladend: Die Rede ist von den Conchs, jenen großen, schön gezackten Meeresschnecken, die überall auf den Sandbänken vor den bahamaischen Küsten vorkommen. Vier Jahre braucht eine Conch („konk" ausgesprochen), bis sie erwachsen ist, ältere werden bis zu 3 kg schwer und 40 cm lang. Das weibliche Tier legt bis zu 1 Mio. Eier ab, aber das reicht kaum für den Heißhunger der Bahamaer. Gebeizt in Limonensaft und mit scharfen Chilis *(scorched conch)*, weich geklopft und frittiert *(cracked conch)*, als Chowder-Suppe oder *conch salad* kommt das Fleisch auf den Tisch. Doch so schön die Schalen auch glänzen, als Souvenir taugen sie nicht – denn die Conch gilt in anderen Ländern als bedrohte Art, fällt deshalb unter das Washingtoner Artenschutzabkommen und darf nicht ausgeführt werden.

Abholung im Hotel | Tel. 3 73 24 85 | www.grandbahamanaturetours.com

STRÄNDE
Fast alle Hotels haben eigene Privatstrände. Daneben locken aber viele weitere, ruhigere Strände; Grand Bahama ist schließlich ringsum von Sand umgeben. Die schönsten: *Gold Rock Beach, Taino Beach* (Mittwochabend *Fish Fry*) und *Pelican Cay Beach*, der auf Schnorcheltouren von Freeport aus zu erreichen ist.

UNEXSO
Die renommierte Tauchschule bietet auch Wracktauchgänge und Nachttauchen an. Besondere Attraktionen sind das INSIDER TIPP Schwimmen mit Delphinen und Tauchgänge mit Haien *(89–109 B$). Port Lucaya Marketplace | Tel. 3 73 12 44 | www.unexso.com*

ÜBERNACHTEN

GRAND LUCAYAN BEACH & GOLF RESORT
Riesige Ferienanlage mit Tauchschule, Golfplatz und Badelandschaft. Auch All-inclusive-Angebote. *519 Zi. | Lucaya | Tel. 3 73 13 33 | www.grandlucayan.com* | €€–€€€

AUSKUNFT

GRAND BAHAMA TOURISM BOARD
Infozentren finden Sie am Flughafen und in Port Lucaya: *Royal Palm Way | Tel. 3 52 83 56 | www.grandbahamavacations.com*

LONG ISLAND

(155 D–E4) (*G3–4*) **Die schmale, lang gestreckte Insel, die vor allem für ihre exzellenten Tauchreviere bekannt ist, macht mit über 100 km Länge ihrem Name alle Ehre.**

Die rund 3000 Einwohner – Fischer und Farmer – leben in winzigen Orten entlang der einzigen Inselstraße. Bunt bemalte Kirchen und Kneipen, Mangoplantagen und Salzteiche säumen den Weg. Zum Sightseeing lohnt sich eine kurze Kletterpartie auf das *Cape Santa Maria* am Nordende der Insel, wo ein weißes Kreuz auf der Klippe an die Landung von Kolumbus erinnert, der hier auf dem Weg nach Amerika einen Stopp einlegte.

ESSEN & TRINKEN

TWO SISTERS
Typisches bahamaisches Lokal, gut auch zum Frühstück mit Conch, Maisgrütze und gekochtem Fisch. *Burnt Ground | Tel. 3 38 70 08* | €

ÜBERNACHTEN

CHEZ PIERRE BAHAMAS
Freundliches kleines Hotel mit nur sechs einfachen Strandhütten an einem langen, einsamen Sandstrand. Sehr gute Küche. *Inkl. Halbpension | Simms | Tel. 3 38 88 09 | www.chezpierrebahamas.com* | €€

STELLA MARIS RESORT CLUB
Vor über 50 Jahren gründeten Deutsche diese Anlage mit heute 47 Ferienapartments und Villen in einer ehemaligen Plantage. Ausgezeichnete Tauchschule. Attraktion seit gut 30 Jahren: INSIDER TIPP Tauchgänge mit Haien, die ganz Mutige sogar füttern können. Mehrere Pools und Tennisplätze sowie gutes Restaurant. *Stella Maris | Tel. 3 38 20 51 | www.stellamarisresort.com* | €€–€€€

NASSAU/ NEW PROVIDENCE

KARTE IM HINTEREN UMSCHLAG (154 C3) (E–F2) **Mit nur 35 km Länge gehört die Insel nicht zu den größten im Land, doch New Providence ist der touristische Nabel der Bahamas.** Hier halten sich die meisten Urlauber auf, hier leben 70 Prozent der rund 350 000 Bahamaer, zumeist in der Hauptstadt Nassau im Nordosten. Die Ferienhotels haben sich in zwei Zentren außerhalb der Stadt angesiedelt: Das eine ist *Cable Beach* einige Kilometer westlich von Nassau, wo seit einigen Jahren mit dem Geld chinesischer Investoren der riesige Resortkomplex *Baha Mar* ausgebaut wird. Das andere Urlauberziel ist *Paradise Island,* eine kleine vorgelagerte Insel mit palmengesäumten Stränden, Resorthotels und einem Kasino. Der Aufschwung der Stadt begann 1940, als der Herzog von Windsor, der abgedankte englische König, Generalgouverneur der Bahamas wurde und Nassau zum skandalumwitterten Treff von Adel und Geldadel avancierte. Megahotels, florierende Bankgeschäfte und ein großer Kreuzfahrthafen sorgen heute für reges Treiben.

SEHENSWERTES

ALTSTADT (153 E4) (*e7*)
Das Herz der Altstadt Nassaus pocht am Hafen, wo über der *Prince George Wharf* die turmhohen Kreuzfahrtschiffe aufragen. Davor liegen *Rawson Square* und *Parliament Square,* an dem die bahamaische Regierung in fotogenen rosafarbenen Kolonialbauten von 1805 residiert. Vor dem *Parliament Building* thront eine Statue der jungen Königin Victoria. Unmittelbar davor verläuft die *Bay Street,* die Haupt-

Kreuzfahrtschiffe im Hafen von Nassau: beliebter Luxus – klimafreundlich Reisen geht aber anders

schlagader Nassaus gen Westen: Hier liegt das Geschäftszentrum der Stadt mit Tax-Free-Shops, Lokalen, Schmuckgeschäften und Souvenirläden. Im bunten *Straw Market* werden Strohhüte (daher der Name), Postkarten und günstiges Kunsthandwerk angeboten (Handeln um den Preis ist hier Tradition). Auf der *George Street* in südlicher Richtung passiert man die 1841 erbaute *Christ Church Cathedral* und steht dann vor dem imposanten, 1801 errichteten *Government House,* dem Sitz des englischen Generalgouverneurs. Jeden zweiten Samstag des Monats um 10 Uhr wird wie in London mit viel Pomp der Wachwechsel zelebriert.

FORT FINCASTLE (153 E4) (*e7*)

Eine Festung von 1787: Vom 38 m hohen Wasserturm bietet sich ein toller Blick über die Stadt. Von der Altstadt gut zu erreichen über die 66 Stufen des *Queen's Staircase. Tgl. Führungen 8–16 Uhr | Eintritt 1 B$*

LOW BUDG€T

Arawak Cay in Nassau heißt bei Einheimischen „The Fish Fry", denn an den Imbissständen gibt es die besten und billigsten Grillfische und *cracked conchs. West Bay Street/Chippingham Road*

Auf Eleuthera finden Surfer gute Wellen – und ein billiges Bett im *Surfers Haven Bahamas* (pro Nacht schon ab 50 B$). *Governors Harbour | Tel. 5 51 96 35 | www.bahamasadventures.com/surfers_haven.php*

Mit dem *People to People Program* stellt das Tourismusamt kostenlos Kontakte zwischen Touristen und Einheimischen her, die einen Tag gemeinsam verbringen. Mit Ausflügen, Partys oder auch einem Kirchgang. *Tel. 3 23 18 53 | short.travel/kga11*

JOHN WATLINGS DISTILLERY

(153 E4) (*e7*)

Bei einer kostenlosen Führung erfahren Sie alles über das Nationalgetränk der Bahamas. *Tgl. 10–18 Uhr | 17 Delancey Street*

NATIONAL ART GALLERY

(153 E4) (*e7*)

Fröhlich bunt sind die Werke der bahamischen Künstler oft, die hier in einer wunderbaren alten Villa gezeigt werden. Meist gibt es in Sonderausstellungen auch die Karnevalskostüme des Junkanoo zu bewundern. *Di–Sa 10–17, So 12–17 Uhr | Eintritt 7 B$ | West Street/West Hill Steet | nagb.org.bs*

PARADISE ISLAND

(153 E–F4) (*e–f7*)

Die 5 km lange Insel vereint alle Zutaten für den perfekten Urlaubscocktail: imposante Hotelkomplexe, Shoppingarkaden, ein Kasino mit Glitzershows, einen Golfplatz und einen Traumstrand mit puderfeinem Sand, der sich an der ganzen Nordseite der Insel hinzieht. Die spektakulärste Anlage ist das *Atlantis Resort* mit fünf Gebäudekomplexen, Badelandschaft und großartigem Aquarium. *Brücke nach Nassau | Mautgebühr 2 B$*

POMPEY MUSEUM (153 E4) (*e7*)

Im alten Sklavenmarkt von 1769 wird die Geschichte der Sklaverei auf den Bahamas nacherzählt. *Mo–Sa 9.30–16.30, Do bis 13 Uhr; zeitweilig wegen Renovierung geschl. | Eintritt 3 B$ | West Bay Street/George Street | www.ammcbahamas.com*

SEAWORLD EXPLORER

(153 E4) (*e7*)

Ein Ausflug unter Wasser für Wasserscheue: Per U-Boot geht es zu Korallen und bunten Fischen. *Fahrpreis 49 B$ | Abfahrt beim Straw Market im Kreuzfahrthafen | Tel. 3 56 25 48 | www.seaworldtours.com*

ESSEN & TRINKEN

CAFÉ MATISSE (153 E4) *(e7)*
Ein beliebtes Bistro in der Altstadt. Italienische Küche, schön zum Lunch im idyllischen Innenhof. *Bank Lane | Tel. 3 56 70 12 |* €€

Blue Hill Road | Tel. 3 02 91 50 | www.graycliff.com | €€€

POOP DECK (153 E4) *(e7)*
Szenelokal mit großer Bar und Terrasse am Yachthafen. Guter Fisch und leckere Drinks. *East Bay Street | Tel. 3 93 81 75 |* €–€€

TRU BAHAMIAN FOOD TOUR
Anstelle von Lunch in nur einem Lokal gibt es hier eine dreistündige kulturell-

Hut ab vor so viel Flechtwerk: In den bunten Straw Markets findet jeder das passende Stück

GOLDIE'S CONCH HOUSE
(153 D4) *(d7)*
Man kann in dieser bahamaischen Fastfood-Hütte direkt zusehen, wie die Conchs zubereitet werden. Dazu frischen Fisch und kaltes Bier. *Arawak Cay | Tel. 3 25 43 00 |* €

GRAYCLIFF (153 E4) *(e7)*
Gourmetrestaurant in einer Kolonialvilla. Französisch inspirierte karibische Küche, dazu verfügt das Haus über den besten Weinkeller aller Bahamas-Inseln. Jackettpflicht. *West Hill Street/*

kulinarische Führung durch die Altstadt zu mehreren Restaurants inklusive vieler Kostproben. *George Street | 69 B$ | Tel. 6 01 17 25 | trubahamianfoodtours.com*

EINKAUFEN

Von originellen T-Shirts bis zu Parfum und Edeluhren: Was Sie an der *Bay Street* und im *Straw Market* nicht finden, das gibt es nicht auf den Bahamas. Fendi, Gucci und Cartier residieren hier. Hier können Sie

Inbegriff eines Luxusresorts: das gigantische Atlantis Paradise Island

Kosmetik, Kameras, Uhren und Lederwaren zollfrei einkaufen. Weitere Shoppingmöglichkeiten, Live-Entertainment und Restaurants warten im *Atlantis Marina Village* (153 E4) (*🗺 e7*) auf Paradise Island.

FREIZEIT & SPORT

BAREFOOT SAILING CRUISES

Halb- und ganztägige Segeltörns mit Schnorchelpausen und Lunch auf einer einsamen Insel. *Tel. 3 93 08 20 | www.barefootsailingcruises.com*

DOLPHIN ENCOUNTERS ★

(153 E4) (*🗺 e7*)

Etwas Besonderes: Schwimmen mit Delphinen und Seelöwen in einer natürlich gestalteten Lagune auf einer vorgelagerten Insel. *109–350 B$ | Abfahrt am Fährgebäude der Paradise Island Bridge | Nassau | Tel. 3 63 10 03 | www.dolphinencounters.com*

TAUCHEN

Die besten Riffe – an denen schon Filmheld James Bond tauchte – liegen an der Nordwestküste und der Südküste von New Providence, dazu gibt es Schiffswracks und ein *Blue Hole* zu entdecken. Tauchkurse und Touren z. B. bei *Bahama Divers (Tel. 3 93 56 44 | www.bahamadivers.com)* oder bei *Stuart Cove's* an der Südwestküste von New Providence *(Tel. 3 62 41 71 | www.stuartcove.com)*.

AM ABEND

Die meisten Bars (153 E4) (*🗺 e7*) bieten zur Happy Hour (16–19 Uhr) Drinks zum halben Preis an, z. B. die *Hammerheads Bar (East Bay Street)*. Danach geht's in Diskos wie *Club Waterloo (East Bay Street)* oder Partylokale wie *Senor Frogs (Woodes Rodgers Walk)*.

ÜBERNACHTEN

ATLANTIS PARADISE ISLAND ★ ●

(153 E4) (*🗺 e7*)

Resort der Superlative: Die gut 3700 Zimmer verteilen sich auf mehrere Türme am Strand. Im tropisch begrünten Innenhof des gigantomanen Hotels liegt ein riesiges Erlebnisschwimmbad. Außerdem: mehrere Restaurants, Kasino und Showtheater. Große Teile der Anlage können auch von Nicht-Gästen besucht werden. *Paradise*

Island | Nassau | Tel. 3633000 | www.atlantisbahamas.com | €€–€€€

BEST WESTERN BAY VIEW SUITES

(153 E4) (*🗺 e7*)

Gut geführte Ferienanlage mit 30 Suiten, Apartments und Villen in einem tropischen Garten. Zum Strand sind es zehn Minuten zu Fuß. *Bay View Drive | Paradise Island | Nassau | Tel. 3632555 | www.bwbayviewsuites.com* | €€–€€€

ORANGE HILL BEACH INN

(152 B4) (*🗺 b7*)

Sehr einfache, aber dafür preiswerte und persönlich geführte Pension nahe des Flughafens mit Pool und Restaurant. Zum Strand sind es nur einige wenige Schritte. Beliebt bei Tauchern. *33 Zi. | West Bay Street | Cable Beach | Nassau | Tel. 3277157 | www.orangehill.com* | €€

AUSKUNFT

BAHAMAS MINISTRY OF TOURISM

Infozentren am *International Airport* (152 B5) (*🗺 b8*) und am *Prince George Dock in der Altstadt* (153 E4) (*🗺 e7*) | *Tel. 3022000 | www.bahamas.com*

ZIELE IN DER UMGEBUNG

EXUMAS ★

(154–155 C–D 3–4) (*🗺 F3*)

Bei einer Tagestour zu den unbewohnten Inseln der nördlichen Exumas erleben Sie die Bahamas von ihrer schönsten Seite: In rasanter Powerboat-Fahrt geht es über das türkisfarbene Wasser. In den Pausen kann man schnorcheln, baden und Iguanas (Leguane) beobachten. *Powerboat Adventures | ca. 200 B$ | Tel. 3632265 | www.powerboatadventures.com*

George Town (1500 Ew.) auf Great Exuma ist auch per Linienflug von Nassau zu erreichen. Ein beliebter Bootsausflug führt von dort nach INSIDER TIPP *Big Major*, wo die mittlerweile berühmten „schwimmenden Schweine" leben – verwilderte Hausschweine mit Leidenschaft fürs Wasser *(Tagestour ca. 180 B$ | exumawatertours.com)*.

SAN SALVADOR (155 E3–4) (*🗺 F–G3*)

Das ist sie also, die Kolumbus-Insel Guanahani, auf der Cristobal Colón 1492 erstmals die Neue Welt betrat. Die Historiker streiten sich zwar, doch die Lagunen im Binnenland der kaum 20 km langen Insel scheinen das Logbuch von Kolumbus zu bestätigen. Das wichtigste der gleich vier Kolumbus-Denkmäler, ein großes, weißes Kreuz, steht etwa 5 km südlich der einzigen Stadt *Cockburn Town* am Strand. An der Nordspitze der Insel steht das *Dixon Hill Lighthouse*, das seit seiner Erbauung 1856 mit Kerosin betrieben wird. Eine moderne Clubanlage mit langem Strand ist der *Club Med Columbus Isle (216 Zi. | Cockburn Town | Tel. 3312000 | www.clubmed.de* | €€–€€€), zu buchen nur als Pauschalpaket. Das einfache Hotel *Riding Rock Inn (42 Zi. | Cockburn Town | Tel. 3312631 | www.ridingrock.com* | €€) ist seit Jahren ein Treff der Taucherszene mit sehr gutem Tauchshop und Restaurant.

ERLEBNISTOUREN

1 KUBA INTENSIV – EINE AUTOFAHRT VON PINAR DEL RIO BIS NACH TRINIDAD

START: ① Havanna **ZIEL:** ⑬ Playa Ancón	**7 Tage** reine Fahrzeit ca. 14 Std.
Strecke: ➡ ca. 850 km	

KOSTEN: für 2 Personen ca. 1000 Euro (ca. 350 Euro Mietwagen, ca. 400 Euro Übernachtungen, ca. 250 Euro Essen und Benzin)
MITNEHMEN: Gute Straßenkarte z. B. Guia de Carreteras, Bade- und Schnorchelsachen, evtl. Wanderschuhe, Sonnenschutz und Mückenspray

ACHTUNG: Am besten, Sie buchen den Mietwagen schon von Deutschland aus, z. B. Rex auf www.rex.cu.

Jeder Zipfel dieser Erde hat seine eigene Schönheit. Wenn Sie Lust haben, die einzigartigen Besonderheiten dieser Region zu entdecken, wenn Sie tolle Tipps für lohnende Stopps, atemberaubende Orte, ausgewählte Restaurants oder typische Aktivitäten bekommen wollen, dann sind diese maßgeschneiderten Erlebnistouren genau das Richtige für Sie. Machen Sie sich auf den Weg und folgen Sie den Spuren der MARCO POLO Autoren – ganz bequem und mit der digitalen Routenführung, die Sie sich über den QR-Code auf S. 2/3 oder die URL in der Fußzeile zu jeder Tour downloaden können.

Von den Tabakregionen über die einstige Zuckerrohrmetropole Cienfuegos, dem Strandklassiker Varadero bis zum Kolonialschatz Trinidad – die verschiedenen Regionen Kubas lassen sich unkompliziert per Auto erkunden.

TAG 1

1 Havanna

85 km

2 Orchideengarten

Von **Miramar** in **1 Havanna** **→ S. 38** aus geht es **auf der Avenida 5ta nach Westen auf die Autopista 4** Richtung Pinar del Rio. Nach etwa zwei Stunden Fahrt fahren Sie **bei der Ausschilderung Soroa Richtung Westen und folgen der Straße,** die sich aufwärts durch den Pinienwald schlängelt. Hier lohnt ein Besuch im bezaubernden **2 Or-**

Bild: Mit einer alten US-Limousine auf dem Malecón von Havanna

1,5 km

❸ El Salto de Soroa

92 km

❹ Pinar del Rio

TAG 2

22 km

❺ Valle San Vincente

7 km

❻ Viñales

chideengarten *(tgl. 8–17 Uhr | Eintritt 3 CUC)* und der kurze Weg zum 22 m hohen Wasserfall ❸ INSIDER TIPP **El Salto de Soroa** *(Eintritt 3 CUC)*. Im **Restaurante El Salto** *(Ctra. de Soroa | Tel. 45 82 21 22 | €–€€)*, direkt bei den **Baños Romanos**, essen Sie zu Mittag, bevor Sie **den Hang der Sierra de Rosario hinab fahren, zurück auf die Autobahn. Weiter Richtung Südwesten geht es auf der A 4** durch Tabakfelder nach ❹ **Pinar del Rio** → S. 42, benannt nach dem nahe gelegenen Fluss und den vielen Pinien der Umgebung. Die kleine Provinzhauptstadt ist das Zentrum von Kubas Tabakproduktion. Sehenswert sind hier vor allem die **Tabakfabrik Francisco Donatién** und das **Museo de Ciencias Naturales**, ein Naturkundemuseum mit lebensgroßen Skulpturen verschiedener Dinos, darunter ein Tyrannosaurus Rex. Zum Abendessen genießen Sie die kubanische Hausmannskost des Paladar **El Mesón** *(So geschl. | Calle Martí/Pinares y Pacheco | Tel. 0 48 75 28 67 | €)* und übernachten bequem in den **Villas Aguas Claras**.

Am nächsten Morgen nehmen Sie **die A 241 in Richtung Viñales.** Allmählich kommen Sie ins ❺ **Valle San Vincente**, dessen Landschaft immer tropischer wird. Zuckerrohrfelder, Palmen, Bananenhaine und Mangobäume säumen die Straße. Die Erde ist rot, durchsetzt mit grün bemützten *Mogotes*, Jahrhunderte alte Kalkstöcke mit pflanzenüberwachsenen Kegelfelsen. Ochsengespanne werden hier zum Pflügen der Felder benutzt und Pferdekarren gehören noch zum Straßenbild. In knappen eineinhalb Stunden sind Sie in ❻ **Viñales** → S. 42. In diesem Künstlerdorf, das aus dem vorigen Jahrhundert zu stammen scheint, schlafen Sie gut in der **Rancho San Vincente** *(Ctra. a Puerto Esperanza | Tel. 48 79 62 01 | €–€€)*. Eine der vielen Höhlen der Region ist die **Cueva del Indio** *(tgl. 9–18 Uhr | Eintritt 5 CUC | Ctra. 241)*. Sie wird vom Fluss San Vincente durchquert und war ein Kultort der indianischen Ureinwohner. Lassen Sie sich mit einem Boot durch die Stalaktitengrotten rudern. Gegen 18 Uhr schwärmen Hunderte von Fledermäusen aus – ein skurriles Schauspiel.

TAG 3

Genießen Sie noch einmal den Blick auf die *Mogotes* im Morgenlicht, wenn der Frühnebel die Steinriesen stimmungsvoll umwabert, bevor Sie das Tal auf der **Carretera a Puerto Esperanza** verlassen. **Auf der Carretera de Norte fahren Sie nach Osten** mit der Cordillera de Guaniguanico zur Rechten und Cayo Levisa auf der linken Seite bis zur **Marina Hemingway**. Hier bietet sich ein Lunch im **7 La Cova Pizza Nova** *(Calle 248 | Tel. 53 72 04 69 69 | €)* mit Blick auf den Yachthafen an. Nach dem Essen fahren Sie **weiter nach Havanna bis zur 5ta Avenida.** Hier übernachten Sie im **8 Memories Miramar** *(5ta Av. | Calles 72 y 76 | Miramar | Tel. 0 72 04 35 84 | €€€)*.

191 km – 7 La Cova Pizza Nova – 8 km – 8 Memories Miramar

TAG 4

Morgens geht es **auf der Carretera Central de Cuba** nach **9 Varadero** → S. 45, dem längsten und breitesten Strand Kubas mit Pudersand und Kokospalmen. Das schon Ende des 19. Jhs. entstandene Seebad bietet jede Menge Strandhotels. Fragen Sie nach einem Zimmer mit Blick aufs Meer im **Mercure Cuatro Palmas**. Am Strand können Sie ausgiebig plantschen und schnorcheln. Nachmittags spazieren Sie im **Parque Retiro Josone**, der grünen Oase im Ort. Setzen Sie sich an den malerischen See mit den geschwungenen Brücken und gehen Sie zum Abendessen ins **Parkrestaurant Dante** *(Calles 1ra y 56 | Tel. 53 45 66 77 38 | €€)*.

145 km – 9 Varadero

TAG 5

Über die Autopista Nacional fahren Sie von hier aus nach **10 Cienfuegos** → S. 36. Die alte Hafenstadt wurde im Schachbrettmuster entworfen und hat gradlinig verlaufende Straßen. Sie fahren **durch das Zentrum nach Süden bis La Punta** und übernachten am Ende der Lagune in der **Villa Lagarto** *(Calle 35, 4B | Avda. O y Litoral | Tel. 01 43 51 99 66 | €)*. Von hier aus erkunden Sie das Stadtzentrum bequem zu Fuß. Sehenswert ist der **Palacio de Valle** mit seinen maurischen und neoklassizistischen Bauelementen. Ein Spaziergang **den Prado hinunter** bringt Sie zum Plaza Martí, wo Sie sich die **Kathedrale** und das **Teatro Terry** ansehen und einem Live-Konzert im Musikpavillon lauschen können. Für ein

176 km – 10 Cienfuegos

elegantes Abendessen gehen Sie ins **La Verja** *(tgl. | Av. 54, Calles 33 y 35 | Tel. 0 43 51 63 11 | €€)*, in der Nähe des Plaza Martí. Hier werden gute kreolische Gerichte in stilvoll kolonialer Atmosphäre serviert. Nach dem Essen noch ein bisschen Unterhaltung gefällig? **Club El Benny** *(Do–So | Eintritt 5 CUC | Avda. 54 | Tel. 0 43 52 65 98 | €€–€€€)* bietet Cabaret und anschließend Disko.

TAG 6

37 km

⑪ Jardín Botánico

66 km

⑫ Trinidad

TAG 7

15 km

⑬ Playa Ancón

Nach dem Frühstück fahren Sie **über die Calzada Real de Dolores** bis zum Botanischen Garten. **2 km vor dem Ort Juaos geht es nach rechts Richtung Pepito Tey.** Von dort aus ist der ⑪ INSIDER TIPP **Jardín Botánico** ausgeschildert. Über 2000 Pflanzenarten aus aller Welt wurden hier zusammengetragen, davon allein 280 verschiedene Palmenarten, dazu Bambus, Kakteen und der hochgiftige Strichninbaum. Zurück fahren Sie **auf die Küstenstraße Circuito Sur** ins Unesco-Weltkulturgut ⑫ **Trinidad** → S. 38. In der gut erhaltenen Kolonialstadt fühlt man sich schlagartig um 200 Jahre zurückversetzt. Hohe Holztüren, Balkone mit Säulen und rote Ziegeldächer bestimmen das Stadtbild. Nehmen Sie sich ein Zimmer im **Casa Muñoz** *(Calle José Martí 401 | Tel. 0 41 99 36 73 | €)*, einer kleinen, familienbetriebenen *Casa Particular*. Von hier aus gehen Sie **zum Plaza Mayor** mit der **Kathedrale** und dem **Museo Romántico**. Abends trifft sich mit Begeisterung ganz Trinidad auf den Stufen vor der **Casa de la Música**, um nach Salsa und Rumba zu tanzen. Ein Gratiskonzert, dass richtig einheizt *(ab 20 Uhr | Calle Cristo)*!

Wie eine Reise zurück in der Zeit ist ein Besuch in Trinidad

Obwohl sich die Berge der Sierra del Escambray zum Wandern anbieten, haben Sie sich zum Abschluss der Tour einen Strandtag verdient. Trinidads Hausstrand liegt **15 km südlich** der Stadt. Sie fahren **auf der Carretera Casilda an der Küste entlang** bis zur ⑬ **Playa Ancón**, einem feinsandigen, ruhigen Strand mit seichter Bucht. Hier können Sie den Tag schwimmend, schnorchelnd und faulenzend verbringen; nur die Badeschuhe sollten Sie nicht vergessen, denn es gibt hier Seeigel.

2 WANDERUNG ZUM PEAK DER BLUE MOUNTAINS

START: ① **Mavis Bank Coffee Factory**
ZIEL: ⑨ **Whitfield Hall**

1 ½ Tage
reine Gehzeit ca. 7 Std.

Strecke: ca. 16 km (zu Fuß) – mittel
Höhenmeter: ca. 915 m

KOSTEN: Übernachtung Whitfield Hall 20 Euro, Abendessen 9 Euro, Frühstückspicknick 8 Euro, Trailgebühr 5 Euro
MITNEHMEN: Taschenlampe, Wasser, Picknick, Proviant, Wanderschuhe, Regenschutz, warme Jacke

ACHTUNG: Es lohnt sich, eine detaillierte Wanderkarte mitzunehmen, denn die Tracks sind selten beschriftet oder markiert. Im Übrigen ist es in den Bergen in den frühen Morgenstunden bitterkalt; deshalb unbedingt eine warme Jacke mitnehmen. Abendessen in Whitfield Hall vorbestellen!

Die fünf- bis siebenstündige Bergwanderung mit voheriger Übernachtung in einer Mountain-Lodge führt über steil gewundene Pfade vorbei an Kaffee- und Bananenpflanzungen in die üppige Vegetation des Regenwaldes, die farbenprächtige Vogelwelt Jamaikas und belohnt Sie, am Gipfel angekommen, mit einem einzigartigen Blick auf die Insel- und Bergwelt Jamaikas sowie das karibische Meer.

Fahren Sie am besten schon einen Tag vorher in die Berge, um vormittags die größte Kaffeefabrik Jamaikas, die ① **Mavis Bank Coffee Factory** *(Mo–Fr 10–14 Uhr | Tour 8 Euro | Gordon Town Road | 1,6 km südl. von Mavis Bank | Tel. 9 77 80 15)* zu besuchen und zu erfahren, wie der berühmte Blue Mountain Coffee hergestellt wird. Vom Trocknen der Bohnen bis zur Röstung wird hier anschaulich dargestellt, woran man hochwertigen Kaffee erkennt. Nehmen Sie sich ein Paket der Marke „Jablum" mit. Die edelste Bohne wird allerdings von Privatfarmern in den Bergen angebaut, Hand gepflückt, auf Bambusrohren getrocknet und über Holzfeuer geröstet. Sollte Ihnen auf Ihrer Wanderung ein Rastamann einen INSIDER TIPP echten Blue Mountain „Peaberry" anbieten, schlagen Sie unbedingt zu, er ist wohl der begehrenswerteste Kaffee der Welt und kostet pro Pfund ca. 40 Euro. Am frühen Nachmittag fahren Sie weiter nach Mavis Bank und holen sich im ② **Mavis Bank Discovery Center** Informationen zum Blue and John Crow National Park. Von hier aus fahren Sie weiter

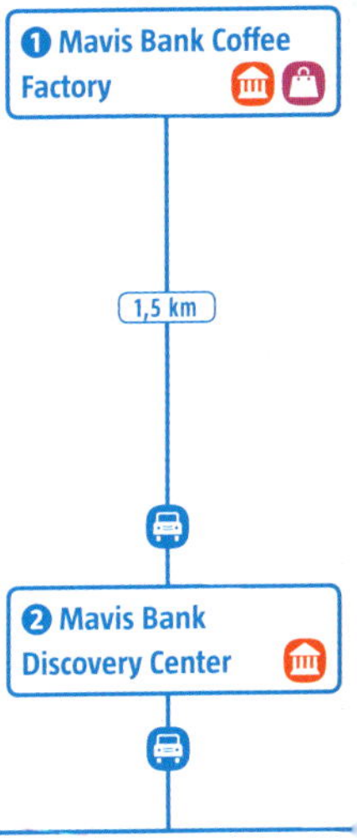

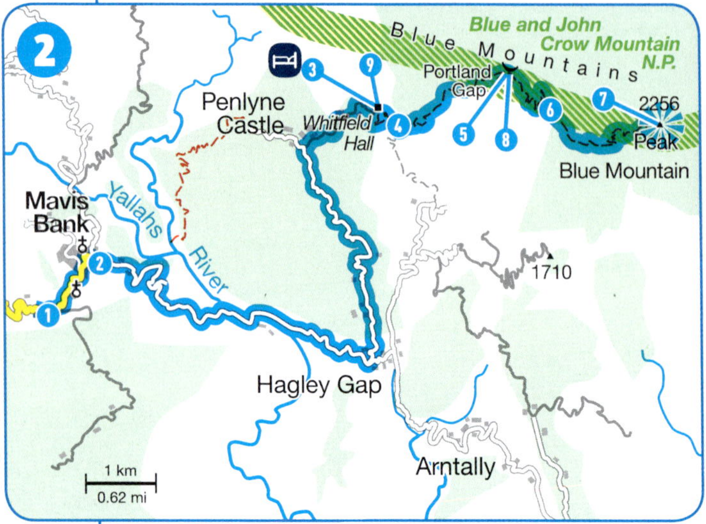

12,5 km

❸ Whitfield Hall

1 km

Richtung Norden nach Hagley Gap und von dort aus auf einer schmalen Straße nach ❸ **Whitfield Hall**, einer rustikalen Kaffeeplantage und Gästelodge – Ihr Ausgangspunkt für die Wanderung.

Zum Abendessen gibt es jamaikanische Hausmannskost, liebevoll zubereitet von Miss Lynette. Im Plantagenhaus aus dem 17. Jh. gibt es keine Elektrizität, dafür Paraffinlampen, Gasherde und einen Kamin in der gemütlichen Lounge. Aber die Nacht wird nicht lang, denn am frühen Morgen um 2 Uhr starten Sie Ihren Aufstieg zum Mountain Peak. **Etwa 2 km vom Hostel entfernt** beginnt der Trail bei **Penlyne Castle**. Hinter dem Schild „Blue and John Crow Mountains" nehmen Sie den **Weg aufwärts nach links**. Die ersten vier Kilometer geht es, umgeben von der Schwärze der Nacht, zügig voran. Im Süden können Sie ein verschlafen blinzelndes Kingston wahrnehmen.

Bald wird der Weg steiler und windet sich entlang der Kaffee- und Bananen- bepflanzten Terrassenhügel. Nur schemenhaft kann man den Regenwald mit Farn, Bambus und Bromelien erahnen. Die Temperaturen sind hier viel niedriger als in den tieferen Lagen und die hohe Luftfeuchtigkeit lässt die Vegetation üppig grünen. Sie kommen jetzt zu einem ausgetrockneten Flussbett mit dem Hinweisschild

4 Jacob's Ladder, dem steilsten, stufenförmig angelegten Teil der Strecke, der von Kaffee- und Zitronenbäumen gesäumt ist. Von hier aus sieht man im Morgengrauen den Peak (2256 m). **Ca. 600 m geht es in Serpentinen steil bergauf** durch Zwergfichtenwälder, bevor Sie nach etwa einer Stunde **5 Portland Gap** mit einer sehr einfachen **Ranger Station** erreichen, an der Sie sich Ihr Picknick schmecken lassen.

Langsam schrumpft der Regenwald zu niedrigem Buschwald mit bizarr geformten Ästen, die von Moos und Flechten überwachsen sind. Auf felsigen Pfaden, teils von umgefallenen Bäumen versperrt, geht es weiter bis kurz unterhalb des Gipfels zum **6 Lazy Man's Peak**. Eine alte Hütte hat hier früher mal Schutz vor Regen und Wind geboten, jetzt ist ihr Dach verfallen und die Wände vermodert. Eine Verschnaufpause ist hier angebracht, bevor es das letzte Stück steilen Aufstiegs weitergeht. Auf dem Gipfel hüllt die aufgehende Sonne langsam die Berge in rosa-orangefarbenes Licht, und an klaren Tagen kann man vom **7 Blue Mountain Peak** aus die Südküste mit Kingston sehen, und im Norden Port Antonio und Navy Island.

Mit den ersten Sonnenstrahlen erwacht auch Jamaikas Vogelwelt. Mit etwas Glück können Sie den *Doctor Bird*, einen Schwalbenschwanzkolibri, Jamaikatauben oder Sperlingspapageien beobachten, bevor Sie sich auf den Rückweg

4 Jacob's Ladder

2,5 km

5 Portland Gap

1,7 km

6 Lazy Man's Peak

2,8 km

7 Blue Mountain Peak

3,5 km

Schon von Weitem sieht man die Gipfel der Blue Mountains

8 Portland Gap

4,5 km

9 Whitfield Hall

machen. Auf halber Strecke in **8 Portland Gap**, können Sie sich an der **Ranger Station** mit Wasser versorgen und sind in etwa 3 Stunden zurück in **9 Whitfield Hall**.

3 SAMANÁ – STRÄNDE, FISCHERDÖRFER UND TAINOHÖHLEN

START: 1 Samaná
ZIEL: 8 Café del Mar

Strecke:
ca. 105 km

1 Tag
reine Fahrzeit
3 Std.

KOSTEN: ca. 80 Euro/ für Leihwagen, Benzin, Essen, kleine Spenden für Führer 4 Cuevas de Agua und 7 Iguanario Los Tocones
MITNEHMEN: Bade- und Schnorchelsachen, Sonnenschutz, Mückenschutz, Taschenlampe

Die Halbinsel im Norden der Dominikanischen Republik Samaná trumft vor allen Dingen mit Bilderbuchstränden, dschungelartigem Regenwald und den Buckelwalen, die von ihrer Reise aus der Arktis hier im Frühjahr eintreffen.

1 Samaná

Nach dem Frühstück fahren Sie von **1 Samaná** → S. 74 aus **auf der Carretera 5 in Richtung Osten.** Auf der linken

Kolumbus war auch schon hier: Strand auf der Cayo Levantado

Seite ragen steile Hügel mit kleinen Dörfern und Höfen in die Höhe, rechts blicken Sie weit über die Bucht von Samaná, mit kleinen Inseln (Cayos) und auf Cayo Levantado, die Trauminsel, die im TV als Kulisse für die Bacardi-Werbung diente. Vorbei geht es an der Playa Las Flechas, einem Strand an dem Kolumbus angeblich das erste Mal 1493 gelandet ist. In dem Fischerdörfchen **❷ Simi Baez** können Sie an den mobilen Buden am **Strand** frische Meeresfrüchte oder deftige Eintöpfe mit frisch gebackenem Kokosbrot probieren. Von Januar bis März lassen sich direkt vom Ufer aus Buckelwale beobachten, die auf ihrer Wanderung vom Nordatlantik in die warmen Gefilde des karibischen Meeres kommen.

Fahren Sie **weiter auf der Küstenstraße** entlang dichter Vegetation und feinsandiger Buchten nach **❸ Los Cacaos**. Hier lohnt sich ein kleiner Abstecher ins Luxushotel **Bahia Principe Samaná**, dass mit seinem alten, viktorianischen Charme in einen üppigen tropischen Garten eingebettet ist. **Nach kurzer Strecke Richtung Norden führt ein kleiner, unmarkierter Weg nach rechts** zu den **❹ Cuevas de Agua**, Kalksteinhöhlen der Ciguayo-Ureinwohner. Lassen Sie sich von einem Einheimischen für ein paar US-Dollars zu den 3000 Jahre alten Höhlenmalereien und Tainoskulpturen führen. Hier kommt die mitgebrachte Taschenlampe

10 km

❷ Simi Baez

4 km

❸ Los Cacaos

16 km

❹ Cuevas de Agua

12 km

5 Las Galeras

zum Einsatz! **Zurück auf der Hauptstraße** fahren Sie nach **5 Las Galeras**, ein verschlafenes Feriendorf mit Beachrestaurants und Garküchen am 2 km langen Sandstrand. Das auf einem Kliff thronende Restaurant **El Cabito** *(Mo geschl. | Tel. 8299448499 | €€)* verlockt zum Mittagessen mit Meeresfrüchten, frischem Fisch und einem herrlichen Blick auf die Bucht von Rincón. Von der Terrasse aus kann man im Frühjahr auch hier Wale beobachten. Außerdem INSIDER TIPP werden Sie hier Zeuge eines seltenen Naturphänomens, dem *Boca de Diablo*. Durch Risse im Felsengestein entsteht je nach Seegang ein Wasser-Luftgespei: der „Atemhauch des Teufels". Am besten können Sie sich Ihr Mittagessen jetzt auf dem Rücken eines Pferdes abtrainieren. **Rudy's Rancho** *(ca. 20 Euro | Tel. 8293053368)* bietet tolle zweistündige Strandausritte auf geduldigen Rössern.

21 km

6 Playa Rincón

Zum Chillen geht es nach **6 Playa Rincón**, einem Bilderbuchsandstrand mit Kokospalmenhain, der bislang nur mühsam mit Allradantrieb über einen Schotterweg zu erreichen war. Jetzt aber führt eine befestigte Straße in ca. 15 Minuten zum Strand. Am östlichen Ende mündet der kleine Fluss **Caño Frío** ins Meer, am Westende lädt eine **Höhle** mit geschütztem, türkisblauen Wasser zum Schwimmen und Schnorcheln ein. Sie können den Nachmittag im gemieteten Liegestuhl, auf kleiner Exkursion in den Mangrovenwald und im Wasser plantschend verbringen. Am Wochenende geht hier manchmal die Post ab: Riesige Lautsprecher werden neben den Strandbuden aufgestellt und die Dominikaner verbringen ihre Freizeit mit dröhnender Musik, viel Rum und Merengue am Strand. Waschen Sie sich am Caño Frío den Sand von der Haut, bevor Sie gegen 18 Uhr wieder **zurück Richtung Samaná** aufbrechen.

10 km

7 Iguanario Los Tocones

Auf halbem Weg nach Las Galeras besuchen Sie eine Aufzuchtsstation für vom Aussterben bedrohte Nashornleguane, die **7 Iguanario Los Tocones** *(unregelmäßige Öffnungszeiten | Eintritt US$ 1,50 | Tel. 8097717661)*. Die Mini-Saurier werden hier aufgepäppelt und nach einer Weile in die freie Wildbahn entlassen. Lassen Sie Ihren Tag in **Puerto Bahía 5 km westlich von Samaná** im **8 Café del Mar** *(Tel. 8095036363 | www.puertobahiasamana.com | €€€)* ausklingen. Unübertreffliche Sonnenuntergänge, köstliche Meeresfrüchte und entspannte Chill-out-Musik runden Ihren karibischen Traumtag ab.

32 km

8 Café del Mar

4 AUF DEM EL YUNQUE TRAIL ZUM MOUNT BRITTON

START: 1 Informationszentrum El Portal
ZIEL: 8 Luquillo Beach

Strecke: ca. 7 km (zu Fuß) | mittel | **Höhenmeter:** ca. 545 m | **1 Tag** reine Gehzeit 3–4 Std.

MITNEHMEN: Wasser, Picknick, Kamera, Fernglas, Wanderschuhe, Jacke

ACHTUNG: Der unbefestigte Part des El Yunque Trail wird bei Regen glitschig, außerdem ist es ratsam, eine Jacke mitzunehmen, denn auf dem Peak weht oft ein starker Wind.

Als Teil des U. S. Forest Service ist der puerto-ricanische Nationalwald El Yunque der einzige tropische Regenwald der USA. Auf dem Wanderweg kommen Sie durch verschiedene Wälder mit Palmen, Farnen und Orchideen und gelangen zu einem Aussichtsturm mit faszinierendem Blick auf die Hügellandschaft der Insel und Luquillo Beach.

Bevor Sie zu Ihrem eigentlichen Startpunkt fahren, machen Sie auf **der Route 191** am **1 Informationszentrum El Por-**

1 Informationszentrum El Portal

8,4 km

❷ Information Center Palo Colorado

0,1 km

❸ Baño Grande

0,2 km

❹ Caimitillo Trail

0,2 km

❺ El Yunque Trail

3,3 km

❻ Observation Tower

3,3 km

❼ Information Center Palo Colorado

tal *(Eintritt ca. 4 Euro)* halt, sehen Sie sich den informativen Film über Fauna und Flora und die Geschichte des Regenwaldes an und kaufen Sie, um ganz sicher zu gehen, eine Wanderkarte im **Giftshop**. **Auf der 191** fahren Sie dann weiter bis zum ❷ **Information Center Palo Colorado**. Parken Sie Ihr Auto und **überqueren Sie die Straße**. Ein paar Steinstufen geht es hinauf zum ❸ **Baño Grande**, einem künstlich angelegten See mit Wasserfall, umgeben von Bambushainen und Palmen (baden leider verboten). Wieder ein paar Stufen hinunter folgen Sie dem ausgeschilderten Weg, dem ❹ **Caimitillo Trail**, nach links, den Sie knapp 500 m bis zum ❺ **El Yunque Trail** gehen. El Yunque (spanisch „der Amboss") hatte für die Tainos eine heilige Bedeutung und war Kultstätte für indianische Zeremonien. Jetzt geht es **steil bergauf bis zu einer Kreuzung mit Schutzhütte**. Hier ist der ideale Picknick-Ort, mitten im Regenwald. Das ständige Pfeifen im Unterholz stammt von einer winzigen Froschart, dem nur in Puerto Rico vorkommenden Coqui, dessen Konzert nach jedem Regen zu einem wahren Getöse anschwellt.

Lassen Sie nach der Rast den **Baño De Oro Trail** links liegen und passieren Sie zwei weitere Schutzhäuschen. Bei der nächsten T-Kreuzung beginnt der Aufstieg zum **Mount Britton**. Der Weg führt hier durch den Tabonico-Wald, benannt nach dem einheimischen Baum, der in den unteren Berglagen wächst. Von seinen Ästen hängen Kletterpflanzen und Schlingwurzeln herab. In den höheren Lagen wachsen Colorado-Wälder mit kleineren, oft mit Bromelien bedeckten Stämmen.

Nach einer Weile geradeaus kreutzt der **Las Picachos Trail**, von dem Sie einen großartigen Blick auf die Ostküste haben. Hier **folgen Sie der Linksbiegung des El Yunque Trails**. Der Weg wird jetzt etwas holpriger und ein ständiger Wind weht hier über das Plateau. Der letzte Abschnitt der Strecke besteht aus Zwergenwald mit Kapokbäumen, an deren Stämmen kegelförmige Stacheln wachsen. Sie kommen jetzt **auf Road 10, eine befestigte Straße, die Sie nach links gehen**. Klettern Sie oben angekommen noch die Stufen zum ❻ **Observation Tower** hinauf: ein atemberaubender Blick auf Luquillo und Puerto Ricos Hügellandschft mit den Gipfeln Los Picachos, Roca Marcas und Yunque Rock lassen den schweißtreibenden Aufstieg schnell vergessen.

Von hier aus beginnen Sie den **Abstieg zurück zum** ❼ **Information Center Palo Colorado**, dass Sie in knappen

Durch üppige Vegetation geht es langsam den Mount Britton hinauf

zwei Stunden erreicht haben. Vom Parkplatz aus fahren Sie die **Route 191 Richtung Norden bis zum Highway 3**, der Sie direkt zum **8 Luquillo Beach** bringt. Belohnen Sie sich am Strand mit einem INSIDER TIPP *Alcapurria*, einem Snack aus frittierter grüner Banane, die mit Fleisch oder Meeresfrüchten gefüllt ist und mit scharfer Chilisauce gegessen wird. Der puderweiße, Kokospalmen gesäumte Sandstrand lädt für den Rest des Tages zum Baden und Faulenzen ein.

18 km

8 Luquillo Beach

5 NATUR-TOUR AUF GRAND BAHAMA

START: 1 Freeport
ZIEL: 1 Freeport

Strecke:
ca. 182 km

1 Tag
reine Fahrzeit
ca. 2,5 Std.

KOSTEN: ca. 250 Euro für Mietwagen und Benzin, Eintritt und Tour Nationalpark, und Bootsmiete für Schnorcheltrip
MITNEHMEN: Badesachen, Schnorchelausrüstung, Getränke, Sonnencreme und Kopfbedeckung

ACHTUNG: Lassen Sie Wertsachen im Hotel und packen Sie an den Stopps alles in den Kofferraum.

Trotz Kreuzfahrtrummel und großen Hotels eignet sich Grand Bahama auch gut fürs Naturerleben. Auf einer Tagesfahrt per Mietwagen lassen sich Karsthöhlen, Mangrovenwälder, menschenleere Strände und unberührte Riffe entdecken. Auch örtliche Veranstaltern bieten Ausflüge in den Ostteil der Insel an.

❶ Freeport

19 km

❷ Brücke über den Grand Lucayan Waterway

22 km

❸ Lucayan National Park

1 km

Starten Sie möglichst früh: Der Grand Bahama Highway ist trotz des großen Namens in teilweise löchrigem Zustand und die Strecke ans entlegene Ostende der Insel zieht sich. Noch ein paar Hotelanlagen und Bootshäfen säumen den Weg, wenn Sie ❶ **Freeport** → S. 98 verlassen: **zuerst auf der Midshipman Road ostwärts, links auf Fortune Bay Drive, am nächsten Verkehrskreisel rechts auf dem Sunrise Highway und dann wieder rechts auf den Grand Bahama Highway**, der nun immer weiter nach Osten führt. Schon bald lässt der Verkehr nach und der Highway schneidet durch grüne Kiefernwälder. Erster Stopp: die ❷ **Brücke über den Grand Lucayan Waterway**, einen Kanal, der die Insel quer durchschneidet. Von oben bietet sich ein guter Blick über das völlig flache, nach wie vor fast unbesiedelte Inselinnere.

Nächster Halt: Der ❸ **Lucayan National Park** → S. 99 mit einem guten Querschnitt der typischen Ökosysteme von Grand Bahama. Hier gedeihen Gumbo-Limbo-, Mahagoni- und Seidenblattbäume, deren Früchte als Nahrung für die Zugvögel dienen. *Coppice* heißt das Gestrüpp hier, ein dichtes Unterholz aus Palmetto, vermischt mit Mangroven und einheimischen Feigenbäumen, zwischen denen Orchideen und Farne gedeihen. *Curly-tailed Lizards*, kleine Leguane, flitzen mit hochgestellten Schwänzchen vorüber, und mit etwas Glück lässt sich einer der seltenen, grüngefiederten Abaco-Papageien in den Bäumen beobachten. Ein etwa 200 m langer **Lehrpfad** bringt Sie vom Parkeingang zu Unterwasserhöhlen wie **Ben's Cave**, die sich über 10 km unterirdisch hinziehen und für die der Park berühmt ist.

Nun wird es Zeit für die erste Badepause: **Gegenüber dem Parkeingang, auf der anderen Seite des Grand Bahama Highway**, bringt Sie ein etwa 300 m langer, teils mit Brettern befestigter Pfad durch die Mangroven zum traumhaft einsamen **4 Gold Rock Beach** an der Südküste. Ganz seicht ist das türkisgrüne Meer hier und der Sand fein und hellgelb. Vielleicht kennen Sie ihn sogar: Einige Szenen von „Fluch der Karibik" wurden hier gedreht.

Weiter östlich am Highway folgen weitere langgezogene Strände und winzige Dörfer, wo Sie zu Mittag *Conch Fritters* oder gebratenen Fisch bekommen können. Allerdings kochen die kleinen Lokale am Straßenrand wie Diamond Sunrise in High Rock oder **Cooper's** in Pelican Point ganz nach Tagesform und sind auch nicht immer offen. Tipp: An den Stränden von **5 Pelican Point** können Sie oft schöne Muscheln bewundern.

Am Ende des Grand Bahama Highway liegt **6 Maclean's Town**: Ein Häufchen bunter Hütten, ein paar Läden und Marktstände. Spielende Kinder in den Straßen, einige Männer pinseln an ihren Booten. Fragen Sie sich durch, es findet sich meist schnell ein Bootsbesitzer, der Sie aufs Wasser bringt; der Preis ist Verhandlungssache. Lassen Sie sich zum Schnorcheln für eine Stunde an das vorgelagerte **7 Riff** fahren und danach an einen der menschenleeren Strände der nahen Inseln.

Zurück an Land wird es Zeit für einen kühlen Sunset-Drink in einer der kleinen Hafenbars von Maclean's Town, die auch berühmt sind für ihre Conch-Salate. Von hier sind Sie in gut eineinhalb Stunden zurück in **1 Freeport**.

4 Gold Rock Beach
34 km
5 Pelican Point
16 km
6 Maclean's Town
1 km
7 Riff
82 km
1 Freeport

Holzstege führen ins Mangrovendickicht des Lucayan National Parks

SPORT & WELLNESS

Ob Wassersport oder Wandern, die größeren Karibikinseln haben die besten Voraussetzungen für sportliche Aktivitäten mit ihren fischreichen Gewässern, Korallenriffen und Naturparks mit tropischem Regenwald und üppiger Vegetation.

Hotels und Veranstalter haben sich auf Tauch-, Segel- und Surfkurse mitsamt Ausrüstungsverleih spezialisiert. Urlauber können an Walbeobachtungen *(whalewatching)* teilnehmen, die aus Gründen des Tierschutzes nur bei ausgewählten Anbietern gebucht werden sollten. Schön gelegene Golfplätze laden zwischen den Schlägen zu kleinen Spaziergängen mit teilweise spektakulären Ausblicken ein, während organisierte Wanderungen im Regenwald für Vogelkundler, Pflanzenforscher und Insektenliebhaber interessant sind. Im Übrigen bieten die besseren Hotels wahre Wellness-Oasen mit Schönheits- und Verwöhnprogrammen, Yoga, Aromatherapien, Ayurveda und vielem mehr.

GOLF

Golfspielen in der Karibik ist schon des schönen Wetters wegen purer Luxus. Viele Golfplätze der großen Hotelanlagen wurden als wahre „Golfgärten" designt.

Kuba: *Varadero Golf Club Cuba | Avenida de Las Américas | km 8,5 | Tel. 045 66 84 82 | www.varaderogolfclub.com* (18-Loch-Golfplatz)

Jamaika: *Half Moon Golf Club | Montego Bay | Tel. 9 53 22 11 | www.halfmoon.com*

Bild: Eine Schar Riffhaie umkreist furchtlose Taucher

Die Karibik verspricht Wassersport pur – doch auch an Land ist für Zeitvertreib gesorgt, ob beim Tanzen oder auf dem Golfplatz

Cayman Islands: *Britannia Golf Course | Hyatt Regency Grand Cayman Resort & Villas | Tel. 7454653 | www.britannia-golf.com*
Dominikanische Republik: INSIDER TIPP *Teeth of the Dog | Casa de Campo | La Romana | Tel. 5233333 | www.casadecampo.com.do* (18-Loch-Platz)
Puerto Rico: *Hyatt Dorado | Route 695 | Dorado | Tel. 7960000 | www.hyatthaciendadelmar.hyatt.com* (zwei 18-Loch-Plätze)
Auf den Bahamas haben sich vor allem die Resortanlagen von *Paradise Island* in Nassau und *Grand Lucayan* auf Grand Bahama einen Namen gemacht.

REITEN

In rasantem Galopp den Strand entlang oder im Schritttempo gemächlich durch verschlungene Pfade im Regenwald – für jeden Reiter eine paradiesische Vorstellung. Viele Anbieter auf den Großen Antillen haben Tagesritte, Ökotouren oder ganze Reiterwochen im Programm. Dominikanische Republik: *Sea Horse*

Es muss nicht immer Wassersport sein: ein Ausritt am Strand hat auch etwas

Ranch | Equestrian Center | Cabarete | Route 5 | Carretera Principal | Tel. 5 71 38 80 | www.sea-horse-ranch.com
Cayman Islands: *Coral Stone Stables | Grand Cayman | Tel. 9 16 47 99 | www.csstables.com*
Jamaika: *Chukka Caribbean Adventures | Ocho Rios und Montego Bay | Tel. 9 79 85 00 | www.chukkacaribbean.com*
Kuba: *Autentica Cuba | Tel. 069 28 83 22*
Puerto Rico: *Hacienda Carabali | Route 992 | Luquillo | Tel. 8 89 49 54 | www.haciendacarabalipuertorico.com*
Bahamas: *Pine Tree Stables | Tel. 242 6 02 21 22 | www.pinetree-stables.com*

SEGELN, WINDSURFEN, KAJAKTOUREN & KITEN

Auf allen Inseln bieten Charterfirmen Ausflüge per Boot oder Segelkurse an. Segelboote können Sie mit oder ohne Skipper mieten. Die meisten Hotels verleihen Surfboards, Kajaks und Katamarane; die größeren veranstalten regelmäßig Regatten.

Kuba: *Marina Dársena de Varadero | Carretera de Vía Blanca, km 31 | Tel. 045 66 80 60* (Bootsverleih, Angeln, Tauchen, Daycharters)
Cayman Islands: *Sail Cayman | Start am Yacht Club dock C-31 | Tel. 9 16 43 33 | www.sailcayman.com*
Jamaika: *Montego Bay Yacht Club | Montego Freeport | Tel. 9 79 80 38 | www.mobayyachtclub.com*
Dominikanische Republik: *Carib Wind Center | Cabarete Beach | Cabarete | Tel. 5 71 06 40 | www.caribwind.com* (Windsurfing, Katamarane, Kajaks)
Puerto Rico: *Caribbean School of Aquatics | Villa Marina | Fajardo | Tel. 7 28 66 06* (Katamarantouren, Tagesausflüge)
Bahamas: INSIDER TIPP *Starfish Adventure Center | George Town | Exuma | Tel. 242 3 36 30 33 | www.starfishexuma.com* (einwöchige Kajaktouren, Kajak- und Segelbootvermietung); *The Moorings | Abaco | Marsh Harbour | Buchung über Reisebüros oder www.moorings.com* (für Bareboat-Charters von Segelbooten und Katamaranen zu Törns in den

Abacos, *deutsche Beratung: Tel. 06101 55 79 15 22)*; *Exuma Kitesurfing | George Town | Exuma | Tel. 202 3 79 50 41 | www.exumakitesurfing.com*

TANZEN

Ob Salsa, Samba oder Merengue, wo lässt es sich nicht authentischer Tanzen lernen als auf den Karibischen Inseln? Auf Kuba, Puerto Rico, Jamaika und der Dominikanischen Republik können Sie ganze Tanzurlaube buchen.
Kuba: *Sprachcaffe Kuba | Kuba Reisen | Tel. 069 61 09 12 25 | www.sprachcaffe-kuba.com/DE/kubailar.htm*
Jamaika: *Bob Marley School for the Arts Institute | Flamingo Beach | Falmouth | JM-Trelawny | Tel. 87 64 35 84 01 | www.bobartsinstitute.edu* (u.a. Rastafarian Nyah Binghi Dance)
Dominikanische Republik: *Apple Languages | Santo Domingo | Tel. 040 67 04 46 33 | www.applelanguages.de/de/lernen/tanzen/Santo-Domingo.php*
Puerto Rico: *Salzuumba | Sancturce | Tel. 78 73 42 69 64 | www.salzuumba.com*
Einen Tanzlehrgang für schamanische Rituale, Gesänge und Bewegungen bietet auf Kuba die Agentur *DARTE (Calle 17/Siboney | Havanna | Tel. 07 33 03 50)* an.

TAUCHEN & SCHNORCHELN

Klare, warme Gewässer, Korallenriffe und eine artenreiche Unterwasserwelt eignen sich wunderbar für Erkundungen. Sowohl Anfänger als auch Profis können Kurse oder Ausflüge vom Hotel aus buchen. Ein besonderes Tauchabenteuer auf den Bahamas ist der Tiefseecanyon „Tongue of the Ocean" vor Andros.
Kuba: *Cuba Diving | Tel. 0049 913 19 70 67 71 | www.cuba-diving.de*
Cayman Islands: *Cayman Diver Ltd. | Tel. 9 45 16 11 | www.caymandiver.com*
Jamaika: *Negril Scuba Centre | Negril Beach Club | Norman Manley Blvd. | www.negrilscubacenter.com*
Dominikanische Republik: *Northern Coast Aquasports/Diving | Pedro Clisante 8 | Sosúa | Tel. 5 71 10 28 | www.northerncoastdiving.com*
Puerto Rico: *Caribe Aquatic Adventures | Park Plaza | im Normandie Hotel | San Juan | Tel. 2 81 88 58 | www.diveguide.com/p2046.htm*
Bahamas: *Small Hope Bay Lodge | Fresh Creek | Andros | Tel. 242 3 68 20 14 | www.smallhope.com* (Tauchbasis nahe dem Barriereriff); *Bimini Undersea | Alice Town | Bimini | Tel. 242 3 47 29 41 | www.biminiundersea.net* (Tauchgänge im warmen Golfstrom vor Bimini, auch INSIDER TIPP Tauchen und Schnorcheln mit wilden Delphinen)

WANDERN & TREKKING

Bis auf die Bahamas und die Cayman Islands eignen sich alle Inseln zum Wandern durch tropischen Regenwald oder in Nationalparks. Viele Unternehmen haben sich auf Themenwanderungen (z. B. Birdwatching, Ökotourismus) spezialisiert.
Kuba: *Gaviota Tours | Hotel Kohly-Bosque | Miramar | Havanna | Tel. 07 8 69 57 74 | www.gaviota-grupo.com* (Nationalparkwanderungen und Birdwatching)
Jamaika: INSIDER TIPP *Valley Hikes | Port Antonio | Tel. 9 93 38 81 | uniqudest@aol.com* (Wanderungen und Ausritte zu den Blue Mountains oder ins Cockpit Country)
Dominikanische Republik: *Iguana Mama | Cabarete | Tel. 5 71 09 08 | www.iguanamama.com* (organisierte Klettertouren, Hiking, Rafting)
Puerto Rico: *El Bosque Nacional del Caribe | Route 191 | El Yunque | Tel. 8 88 18 80*

MIT KINDERN UNTERWEGS

Die Karibik ist ein ausgesprochen kinderfreundliches Reisegebiet: Weiße Strände und türkisfarbenes, seichtes Meer sind der ideale Tummelplatz für kleine Urlauber. Viele der größeren Hotels haben Kinderprogramme, sogenannte *Kids' Clubs*, entwickelt. Die Touristenbüros geben dazu Auskunft.

AQUARIUM IN HAVANNA

(148 C3) (*🕮 B–C3*)

Das aufwendig renovierte Aquarium in der kubanischen Hauptstadt beherbergt über 3000 im Wasser lebende Tiere, von Garnelen über Seelöwen bis zu Schildkröten, Korallen, Tümmlern und natürlich Fischen. *Di–So 10–18 Uhr | Eintritt Erwachsene 10 US$, Kinder 3 US$ | Avda. 3/Calle 62 | Miramar | Tel. 07 23 64 01 | www.acuarionacional.cu*

ARDASTRA GARDENS & ZOO

(153 D4) (*🕮 F2*)

Tolle Hits für Kids sind hier das Papageienfüttern und die „Ballettshow" einer Schar Flamingos (dreimal täglich). Dazu gibt es einen Streichelzoo und viele Tiere und Blumen aus der ganzen Karibik. *Tgl. 9–17 Uhr | Eintritt Erwachsene 18 B$, Kinder bis 12 Jahre 9 B$ | Chippingham Road | Nassau | Bahamas | www.ardastra.com*

BOOTSFAHRT AUF DEM BLACK RIVER ★ (150 A5) (*🕮 E7*)

Den längsten Fluss Jamaikas, den Black River, säumen Mangroven und Schilf auf dem Weg ins Meer. In dem sumpfigen, mit Wasserhyazinthen bedeckten Strom leben Spitzkrokodile. Die bis zur 4 m langen Tiere wirken bedrohlich, sind jedoch an den Menschen gewöhnt – manche von ihnen lassen sich sogar füttern und anfassen. Bei einer Bootssafari stößt der Guide einen lauten Pfiff aus, ruft einen Namen – und plötzlich taucht nahe dem Boot eines der Urviecher auf und schielt durch zwei gelbe Augenschlitze zum Besucher hinüber. Wer Glück hat, bekommt einen *Crocodile Dentist* zu Gesicht, einen Grünreiher, der den Alligatoren die Essensreste aus dem offenen Maul pickt. *J. Charles Swaby's South Coast Safari | ca. 20–30 US$ pro Person | Black River | Tel. 9 65 25 13*

PARQUE DE LAS CIENCIAS/LUIS A. FERRE SCIENCE PARK (0) (*🕮 0*)

Wissenschaft macht Spaß! Verschiedene Museen präsentieren u.a. Flugsimulatoren, echte NASA-Raketen, antike Fahrzeuge. Im Planetarium wird unser Sonnensystem anschaulich dargestellt. Außerdem verschiedene Demonstra-

Schatten unter Palmen und seichtes Meer: Die Großen Antillen und die Bahamas eignen sich gut für Urlaub auch mit kleineren Kindern

tionen, wie Wissenschaft (vor allem Physik) unser tägliches Leben bestimmt. 20 Minuten Fahrt von San Juan, man sollte mindestens vier Stunden für den Park einplanen. *Mi–Fr 9–17, Sa/So 10–16 Uhr | Eintritt Erwachsene US$ 10, Kinder unter 12 US$ 8 | Bayamón | Campo Verde | Puerto Rico | Tel. 7877406868 | www.nuevaisla.com*

PAMPERED PONIES (149 D6) (*🕮 C6*)
Mit den speziell trainierten Ponys und Pferden können Sie mit Ihren Kindern private oder geführte Ausritte unternehmen. Im Programm stehen Frühmorgen-, Mondschein-, Strand- und Wasserritte. *Eineinhalb Stunden 60–75 US$ | Conch Point Road | West Bay | Grand Cayman | Tel. 9162540 | www.ponies.ky*

PARQUE DE LOS TRES OJOS
(152 B2) (*🕮 K7*)
Der Nationalpark in der Dominikanischen Republik heißt übersetzt „Drei Augen". Seinen Namen hat er von den drei kleinen Seen, die aus 16 m Tiefe heraufleuchten. Es sind sogenannte *cenotes*, Höhlen im Kalkstein, die sich mit Wasser füllten, nachdem ihre Decken eingebrochen waren. Eine Floßfahrt auf einem dieser unterirdischen Seen ist nicht nur, aber vor allem für Kinder ein echtes Erlebnis! *Tgl. 9–17 Uhr | Eintritt 50 RD | Parque Mirador del Este | östlich von Santo Domingo an der Straße zum Flughafen | Dominikanische Republik*

INSIDER TIPP **PIRATES OF NASSAU** ●
(153 E4) (*🕮 F2*)
Zu Besuch bei Captain Blackbeard und seiner Schiffscrew auf seinem Schiff *Revenge:* Dieses exzellent gestaltete Multimediamuseum lässt die Welt der Freibeuter wieder auferstehen. *Mo–Sa 9–18, So 9–12 Uhr | Eintritt 13 B$, Kinder bis 17 Jahre 6,50 B$ | Marlborough/ George Street | Nassau | Bahamas | www.pirates-of-nassau.com*

EVENTS, FESTE & MEHR

Neben diversen Musikfestivals ist der festliche Höhepunkt in der Karibik der Karneval. Jede Insel feiert ihn zu einer anderen Jahreszeit und auf ihre eigene Weise. Für die farbenprächtigen Maskeraden und Kostümparaden werden oft schon Monate vorher Vorbereitungen getroffen. Das Motto der Verkleidungen geht vielfach auf den afrikanischen Ursprung der Bevölkerung bzw. Legenden aus der Sklavenzeit zurück – beliebt sind Teufels- und Dämonenmasken.

FESTE & VERANSTALTUNGEN

JANUAR

Maroon Festival in Jamaika: großes Straßenfest in Accompong (6./7. Jan.)
Bahamas Marathon: Mitte des Monats Lauf durch Nassau (Bahamas)

JANUAR/FEBRUAR

Karneval in der Dominikanischen Republik, Auftakt in Santo Domingo (28. Jan.)
Bob Marley Week auf Jamaika: Anlässlich des Geburtstags des Reggaemusikers am 6. Feb. gibt es eine Woche lang Konzerte, v. a. in Kingston (Anfang Feb.).
Festival Casals: Klassische Konzerte zu Ehren des Musikers Pablo Casals in der puerto-ricanischen Hauptstadt San Juan (Ende Feb.). *www.festcasalspr.gobierno.pr*

MÄRZ/APRIL

Semana Santa in der Dominikanischen Republik: Prozessionen von Gründonnerstag bis Ostermontag

APRIL

★ ***Jamaica Carnival:*** Calypso- und Soca-Wettbewerbe, Maskeraden und Tanz (Anfang April). *www.jamaicacarnival.com*
National Family Island Regatta: Segelwettbewerb gegen Ende des Monats in George Town, Exuma (Bahamas)
Karneval in Puerto Rico

MAI

Cayman Islands Carnival Batabanas: Steelbands, Soca-Musik, Straßenparaden, Tanz (1.–4. Mai)
Bienal de la Habana: die dreißigtägige Bienale würdigt Künstler aus Kuba, der Karibik, Lateinamerika, Afrika und der ganzen Welt. *www.bienalhabana.cult.cu*

JUNI

INSIDER TIPP ***Ocho Rios Jazz Festival Jamaika:*** eine Woche lang Jazzmusik

Auf allen Inseln, ob Große Antillen oder Bahamas, gibt es jede Menge Festivals – und überall wird ausgiebig Karneval gefeiert

aus aller Welt (erste Monatshälfte). *www.jamaicaculture.org/jazz*

JULI

● ***Reggae Sumfest Jamaika:*** Das größte Open-Air-Festival Jamaikas findet Mitte Juli fünf Tage lang in Montego Bay statt. *www.reggaesumfest.com*

★ ***Karneval*** in Santiago de Cuba: Straßenumzüge und Musik (Ende Juli)

Día de la Rebeldía Nacional: Die Kubaner feiern die Taten Fidel Castros.

JULI/AUGUST

★ ● ***Merengue-Festival*** in Santo Domingo mit Tanz und Spiel, vielen Imbissständen und Kunstgewerbe

Junkanoo Summer Festival: freitags oder an Wochenenden Livemusik und Straßenkarneval auf den Bahamas

Karneval in Havanna (Kuba)

AUGUST

INSIDER TIPP ***Fox Hill Festival:*** Anfang des Monats Partys, Musik und Paraden zur Feier der Sklavenbefreiung im alten Schwarzenviertel von Nassau (Bahamas)

OKTOBER

Día de Colón in der Domikanischen Republik: Feier zu Ehren von Kolumbus am Jahrestag seiner Landung in Amerika (12. Okt.)

Festival Teatro de la Habana: Theateraufführungen im Rahmen des Internationalen Theaterfestivals in Havanna (Ende Okt.–Anfang Nov.). *www.fth.cult.cu*

DEZEMBER

Festival Internacional del nuevo cine latinoamericano: international bekanntes Filmfestival mit Veranstaltungen in ganz Havanna. *www.habanafilmfestival.com*

★ ***Junkanoo:*** am 26. Dezember und zu Neujahr von den frühen Morgenstunden an Paraden, Bands und Tanz auf den Bahamas

LINKS, BLOGS, APPS & CO.

LINKS & BLOGS

www.marcopolo.de/karibik-grosse-ant Alles auf einen Blick zu Ihrem Reiseziel: Interaktive Karten inklusive Planungsfunktion, Impressionen aus der Community, aktuelle News und Angebote ...

www.jamaicans.com Sehr informative Seite mit Reisetipps, karibischen Rezepten, einem Kid's Guide und jeder Menge News von Sport bis Kultur

www.kuba-entdecken.de Allgemeine Informationen, Kultur, Medien, Transport, Musik, Essen & Trinken, Tipps & Tricks

www.solboricua.com Lokale Nachrichten aus Puerto Rico, Wetterinformationen, Live Radio, Latin Music, ein virtueller Rundgang durch San Juan, spanisches Wörterbuch und mehr

www.bahamaslocal.com Lokale Politik und Nachrichten in Englisch von allen Inseln, dazu Tipps für aktuelle Veranstaltungen, sowie Links zu Videos und Blogs

short.travel/kga1 Reisen, Pläne, Diskussionen, Jobs, Network, Fotos, Kochrezepte, Leben und Kultur in Puerto Rico

www.dominicanaonline.org Geschichte, Wirtschaft und Kultur der Dominikanischen Republik (in Englisch und Spanisch)

short.travel/kga2 Reiseblogs, praktische Informationen, Feste und Feiertage, Hotelbewertungen, Regionen entdecken und mehr

caymanexpat.blogspot.com Tipps und Aktivitäten auf den Cayman Inseln

short.travel/kga3 Umfangreiche Blogsammlung zu den Bahamas und den Inseln der Großen Anitllen, meist in Englisch

700experience.com Englischer Lifestyle-Blog aus den Bahamas: Resorts, Mode, Hochzeitstipps und Gesellschaftsklatsch aus Nassau

Egal, ob für Ihre Reisevorbereitung oder vor Ort: Mit diesen Adressen finden Sie noch mehr, was Ihren Urlaub bereichert. Da manche sehr lang sind, führt Sie der short.travel-Code direkt auf die beschriebenen Websites. Falls bei der Eingabe der Codes eine Fehlermeldung erscheint, könnte das an Ihren Einstellungen zum anonymen Surfen liegen

LINKS & BLOGS

www.taucher.net/tauchen-in-kuba-daz52 Tauchführer für Kuba; Tauchreviere und -safaris, Tachbasen und -veranstalter, hier sollten alle Wasserratten fündig werden

short.travel/kga9 In der regen Geo-Community findet man viele Reiseberichte, Bilder, Tipps und Foren zu den karibischen Inseln: Vom kubanischen Reisebericht „Malecón statt Malle" bis zur Fotostrecke über die Cayman Islands dürfte für jeden etwas dabei sein

www.jamaicamyway.com Witzig aufgemachtes Forum mit Rastakochrezepten, Gardening in Jamaika, Patois-Sprach-Videos, Yoga, Hotelblogs, Vorstellung jamaikanischer Persönlichkeiten und mehr

short.travel/kga10 Die Thorntree-Community von Lonely Planet versammelt jede Menge Fragen und Antworten zum Reiseziel Karibik (Kuba hat eine eigene Kategorie auf der Website), wissenswerte Neuigkeiten und Tipps, unterhaltsame Reiseberichte und Kommentare (auf Englisch)

VIDEOS & MUSIK

short.travel/kga5 Wunderschöne, atmosphärische Aufnahmen von Alltagsszenen in Habana Vieja, die das Leben der kubanischen Hauptstadtbewohner zeigen – poetisch, ohne zu verklären

short.travel/kga7 In diesem kurzen Zusammenschnitt des Dokumentarfilms „Life and Debt" wird gezeigt, was man als Tourist auf Jamaika nicht zu Gesicht bekommt: wie neoliberale Strategien der Weltbank die einheimische Landwirtschaft in die Knie zwingt und den Inselsaat in eine Schuldenkrise stürzt (auf Englisch)

www.cubamusic.com Die beste kubanische Musik online

APPS

MeinWetter Wassertemperaturen, Regen, Sonnenstunden und Luftfeuchtigkeit in der Karibik – und in so ziemlich jeden anderen Ort der Welt

Free Spanish Tutor Kostenloser Spanischführer mit dem man spielerisch die Grundlagen des Spanischen lernt; da die Ausgangssprache Englisch ist, frischt man das gleich mit auf

PRAKTISCHE HINWEISE

ANREISE

American Airlines, British Airways (BA) und KLM fliegen ab Hamburg und Frankfurt nach San Juan. Cubana fliegt von Berlin und Köln aus nach Havanna. Air France, Condor, Iberia, LTU und Delta fliegen von mehreren deutschen Städten aus Santo Domingo an, LTU und Condor auch Puerto Plata. BA fliegen nach Kingston und Montego Bay sowie über London nach Nassau, Condor und LTU nach Montego Bay. Die Bahamas sind auch gut über Miami zu erreichen, von dort verkehren regionale Fluggesellschaften nach Nassau, Abaco und Eleuthera. Die Flugzeit beträgt je nach Ziel ca. 9–12 Stunden. Bei der Einreise über die USA ist eine vorherige Registrierung (mindestens 3 Tage zuvor) via Internet zwingend erforderlich. Kosten: 14 US$. Antragsformular unter: *https://esta.cbp.dhs.gov*
Günstige Flugpreise bewegen sich zwischen 600 und 1000 Euro. Bei der Einreise müssen Individualurlauber neben der Touristenkarte ein Rückflugticket vorweisen und auf Kuba eine erste Hoteladresse angeben.

Natürlich können Sie auch per Kreuzfahrt in die Karibik gelangen (Auskunft erteilt jedes Reisebüro). Eine Variante für Freunde der Seefahrt ist die Fahrt mit einem Frachtschiff. Eine Karibik-Passage (Start/Ziel Hamburg, Stopps u. a. in Kingston, Cartagena, Puerto Cortés) dauert 42 Tage und kostet 4000 Euro. Teilstrecken sind möglich. Info: *Hamburg Süd Reiseagentur | Domstr. 21 | 20095 Hamburg | Tel. 040 3 70 51 57 | www.hamburgsued-frachtschiffreisen.de*

GRÜN & FAIR REISEN

Auf Reisen können auch Sie viel bewirken. Behalten Sie nicht nur die CO_2-Bilanz für Hin- und Rückreise im Hinterkopf *(www.atmosfair.de; de.myclimate.org)* – etwa indem Sie Ihre Route umweltgerecht planen *(www.routerank.com)* – , sondern achten Sie auch Natur und Kultur im Reiseland *(www.gate-tourismus.de; www.ecotrans.de)*. Gerade als Tourist ist es wichtig, auf Aspekte wie Naturschutz *(www.nabu.de; www.wwf.de)*, regionale Produkte, wenig Autofahren, Wassersparen und vieles mehr zu achten. Wenn Sie mehr über ökologischen Tourismus erfahren wollen: europaweit *www.oete.de*; weltweit *www.germanwatch.org*

AUSKUNFT

BAHAMAS TOURIST OFFICE
Majunke International Sales | Limburger Str. 3 | 61462 Königstein/Frankfurt | Tel. 06174 61 90 14 | www.bahamas.de

CAYMAN ISLANDS TOURISM
6, Arlington Street | London SW1A 1RE | Tel. 0044 20 74 91 77 71 | www.caymanislands.ky

DOMINIKANISCHES FREMDENVERKEHRSAMT
Hochstr. 54 | 60313 Frankfurt/M. | Tel. 069 91 39 78 78 | www.godominicanrepublic.com

Von Anreise bis Zoll

Urlaub von Anfang bis Ende: die wichtigsten Adressen und Informationen für Ihre Reise auf die Großen Antillen

JAMAICA TOURIST BOARD
Schwarzbachstr. 32 | 40822 Mettmann | Tel. 02104 832974 | www.visitjamaica.com

KUBANISCHES FREMDENVERKEHRSAMT
Stavanger Str. 20 | 10439 Berlin | Tel. 030 44719658 | www.cubainfo.de

FREMDENVERKEHRSAMT PUERTO RICO
Schenkendorfstr. 1 | 65187 Wiesbaden | Tel. 0611 2676710 | www.gotopuertorici.org

AUTO

Die Verkehrsregeln entsprechen auf allen Inseln der Großen Antillen den unsrigen, bis auf Jamaika, Bahamas und die Cayman Islands, auf denen wie in England Linksverkehr herrscht. Hier muss man vor allen Dingen die Einfahrt in Verkehrskreisel beachten: Vorfahrt hat, wer sich bereits im Kreisverkehr befindet.
Die Hauptstraßen der Inseln sind überwiegend in gutem Zustand, nur auf den Landstraßen kann man manchmal Überraschungen, wie große Schlaglöcher oder komplett fehlende Markierungen erleben. Zudem sind sie nachts oft schlecht oder gar nicht beleuchtet und werden nicht selten von Kühen oder Schafen als Schlafplatz genutzt. Vorsicht ist auf den weniger amerikanisierten Inseln geboten: Dort wird extrem rasant gefahren und ebenso gebremst.

BUSFAHREN

Busse sind auf den Großen Antillen ein beliebtes, preiswertes und viel genutztes Transportmittel. Rechnen Sie nicht mit unbedingter Fahrplantreue, dafür aber mit vielen interessanten Begegnungen. Auf den Bahamas verkehren preiswerte Jitney-Busse in Nassau und Freeport.

DIPLOMATISCHE VERTRETUNGEN

DEUTSCHE BOTSCHAFTEN UND KONSULATE
Bahamas: *Honorarkonsulat | Lagoon Court Building, Suite 115 | Nassau | Tel. 242 3271163*
Cayman Islands und Jamaika: *10, Waterloo Road | P.O. Box 444 | Kingston 10 | Jamaika | Tel. 6317935*
Dominikanische Republik: *Calle Gustavo Mejía Ricart | Santo Domingo | Tel. 5428950*
Kuba: *Calle B, No 652 | Calles 11 y 13 | Vedado | Ciudad de la Habana | Tel. 07 8332569*
Puerto Rico: *Generalkonsulat | 100 N. Biscayne Blvd. | Miami, Florida | Tel. 001305 3580290*

ÖSTERREICHISCHE BOTSCHAFTEN UND KONSULATE
Bahamas: *Honorarkonsulat | Tel. 242 3643297 | www.austria.org*
Cayman Islands: *Tel. 9254559*
Dominik. Republik: *Tel. 4124014*
Jamaika: *Tel. 9402404*
Kuba: *Tel. 07 242394*
Puerto Rico: *Tel. 6253118*

SCHWEIZERISCHE BOTSCHAFTEN UND KONSULATE
Bahamas: *Tel. 242 3625539*
Cayman Islands: *Tel. 3264385*
Dominik. Republik: *Tel. 5333781*

Jamaika: *Tel. 9 48 96 56*
Kuba: *Tel. 53 07 24 26 11*
Puerto Rico: *Tel. 7 51 31 82*

EINREISE & AUSREISE

Die meisten Inseln der Großen Antillen und die Bahamas lassen sich mit einem noch sechs Monate gültigen Reisepass besuchen. Wenn die Anreise über die USA führt (auch bei Transit), ist ein maschinenlesbarer Pass erforderlich; neu ausgestellte Pässe müssen biometrische Daten enthalten. Bei Einreise nach Puerto Rico und auf die Bahamas bekommt man im Flugzeug eine *Immigration Card,* die ausgefüllt abzugeben ist. Für Kuba erforderlich sind eine Touristenkarte (erhältlich bei Buchung im Reisebüro oder bei der kubanischen Botschaft) und ein sechs Monate gültiger Pass; wer länger als 30 Tage bleiben will, muss vorher ein Visum beantragen *(Botschaft der Republik Kuba | Stavangerstr. 20 | 10439 Berlin | Tel. 030 91 61 18 11 | www.botschaft-kuba.de)*. Seit dem 01.08.2012 verlangt Jamaika von allen Touristen eine Einreisegebühr von 20 US$. Auf allen Inseln wird eine jeweils unterschiedlich hohe Ausreisesteuer fällig.

WÄHRUNGSRECHNER

€	USD	USD	€
10	10,75	10	9,30
20	21,50	20	18,60
30	32,26	30	27,90
40	43,01	40	37,20
50	53,76	50	46,50
60	64,51	60	55,80
70	75,26	70	65,10
80	86,01	80	74,40
90	96,76	90	83,70

GELD & KREDITKARTEN

Größere Hotels, Restaurants und Geschäfte nehmen Mastercard und Visa an. Mit American Express und Diners werden Sie auf Kuba wegen des US-amerikanischen Wirtschaftsboykotts Schwierigkeiten haben. Reiseschecks sollten auf US-Dollar ausgestellt sein. Es ist sinnvoll, immer ein paar Dollar Bargeld für Kleinigkeiten und Trinkgelder dabeizuhaben. An Geldautomaten können Sie Bargeld abheben – mit EC-Karte zahlen Sie dabei weniger Gebühren als mit der Kreditkarte.

GESUNDHEIT

In touristischen Gebieten (z.B. Puerto Rico, Kuba, Cayman Islands) ist die ärztliche Versorgung zufriedenstellend bis gut. Transportprobleme bestehen eher in ländlichen Gebieten Jamaikas und der Dominikanischen Republik. Es ist ratsam, eine Auslandskrankenversicherung abzuschließen, nützlich ist eine Reiseapotheke. Spezielle Impfungen sind nicht erforderlich. Es ist sinnvoller, guten Moskitoschutz von zu Hause mitzunehmen, als eine (nicht unumstrittene) Malariaprophylaxe vorzunehmen. Auf den Inseln der Großen Antillen gibt es natürlich Insektenspray zu kaufen, doch die Inhaltsstoffe der meisten dort erhältlichen Präparate sind aus gutem Grund in Deutschland nicht zugelassen. *www.fit-for-travel.de*

INSELFLÜGE

Kümmern Sie sich frühzeitig um einen Flug, wenn Sie auch andere Inseln besuchen wollen. Die Dominikanische Republik ist von einigen Inseln aus nur über Miami zu erreichen, dementsprechend sind die Flüge ausgebucht. Zwischen den Inseln der Großen Antillen verkehren Cayman Airways, Air Jamaica, Caribean Airlines und American Airlines. Innerhalb der Bahamas ist Bahamas Air die wichtigste Fluglinie *(www.bahamasair.com)*. Auf den Bahamas kann man zudem preiswert per Postschiff von Nassau aus zu anderen Inseln gelangen *(www.bahamasferries.com)*.

INTERNET

Fast alle karibischen Fremdenverkehrsämter haben ihre eigenen Websites und sind verbunden mit der *Caribbean Tourism Organization (www.onecaribbean.org)*.
Hilfreiche Websites: *www.travelandsports.com, www.caribbean-on-line.com.* Weltwetter, Nachrichten und Videos: *www.accuweather.com;* Tourismus, Wetter, Reisen in Puerto Rico: *www.welcometopuertorico.org;* News, Reisen, Berichte aus Jamaika: *www.jamaika-online.de;* Websites zu den Bahamas: *www.bahamas.de, www.bnt.bs*

INTERNETCAFÉS & WLAN

WLAN-Plätze (WiFi-Hotspots) gibt es überall. Viele der internationalen Hotelketten haben WLAN-Einrichtungen, in jedem Fall aber kann man sich auf den Flughäfen von Kingston, San Juan und den Caymans kabellos einloggen. Auf den Bahamas sind Webcafés und Hotspots nur in Nassau und Freeport zu finden. Die großen Hotels hier haben aber zudem WLAN in Lobby und Zimmern.
– Bahamas: *WLAN und Internetkioske im Welcome Center des Festival Place | Prince George Wharf | Nassau*
– Cayman Islands: *Café del Sol | Aqua World Duty Free Mall | Georgetown | Grand Cayman | www.cafedelsol.ky*
– Dominikanische Republik: *Sam's Bar & Grill | Hotel Castilla | J. de C. Ariza | Puerto Plata*
– Jamaika: *Cybershores | Gloucester Ave. | Montego Bay*
– Puerto Rico: *The Crew Station | im Wyndham Hotel | 102, Gilberto Concepción de Gracia | Old San Juan*

MIETWAGEN

Mietwagen stehen auf allen Inseln zur Verfügung. Ein Kleinwagen oder Jeep kostet ca. 35–50 US$ pro Tag, wobei die internationalen Verleihfirmen meist deutlich teurer sind als örtliche. Es lohnt sich in jedem Fall, Preisvergleiche anzustellen.

WAS KOSTET WIE VIEL?

Museum	1–5 Euro *durchschnittlicher Eintritt*
Busfahrt	0,50 Euro *für eine Fahrt auf Jamaika*
Zigarren	50–150 Euro *für eine Kiste Havannas*
Burger	3,75 Euro *vom Imbiss auf Jamaika*
Kalik-Bier	4–6 Euro *auf den Bahamas*
Benzin	ca. 1 Euro *für einen Liter normal*

NOTRUF

Bahamas: *911 und 919*
Kuba: *106*
Cayman Islands: *911*
Dominikanische Republik: *911*
Jamaika: *119*
Puerto Rico: *911*

POST

Luftpostbriefe und Karten sind von den karibischen Inseln bis nach Europa zwischen sechs Tagen und vier Wochen unterwegs.

PREISE & WÄHRUNG

Die Währungseinheiten sind: Cayman Island Dollar (CI$); Kubanischer Peso bzw. als Touristenwährung Kubanischer Dollar (CUC); Jamaica-Dollar (J$); Dominikanischer Peso (RD); US-Dollar für Puerto Rico. Der Bahamas-Dollar (B$) ist 1:1 an den US-Dollar gekoppelt. Das Preisniveau auf den Inseln ist sehr unterschiedlich. Am teuersten sind Grand Cayman und die Bahamas, gefolgt von Puerto Rico. Viel billiger reist man auf Kuba und in der Dominikanischen Republik. Importgüter können dennoch teuer sein: Eine kleine Flasche Mineralwasser kann im dominikanischen Hotel mit 8 US$ berechnet werden – einheimisches kostet nur ein Zehntel.

REISEZEIT

Beste Reisezeit ist der Winter. Leider ist dies auch die Hauptsaison für die meisten Inseln; deshalb empfiehlt sich für Low-Budget-Reisende der Sommer. Die sporadischen Niederschläge in der sommerlichen Regenzeit stören kaum. Von Juli bis Ende Oktober herrscht Hurrikansaison – doch keine Angst, vor den zerstörerischen Stürmen wird rechtzeitig gewarnt.

STROM

Die Netzspannung schwankt von Insel zu Insel, sogar von Hotel zu Hotel (110–230 Volt). Nehmen Sie einen internationalen

WETTER IN SANTO DOMINGO

	Jan.	Feb.	März	April	Mai	Juni	Juli	Aug.	Sept.	Okt.	Nov.	Dez.
Tagestemperaturen in °C	28	28	29	29	30	30	31	31	31	31	30	29
Nachttemperaturen in °C	20	19	20	21	22	23	23	23	23	23	22	21
Sonnenschein Stunden/Tag	6	6	7	6	6	7	7	7	7	7	6	6
Niederschlag Tage/Monat	7	6	5	7	11	12	11	11	11	11	10	8
Wassertemperaturen in °C	27	26	26	27	27	27	28	28	28	28	27	27

 Sonnenschein Stunden/Tag · Niederschlag Tage/Monat · Wassertemperaturen in °C

Adapter mit und fragen Sie an der Hotelrezeption nach, bevor Sie ihn benutzen.

TAXI

Meist handelt es sich um Sammeltaxis (Kleingeld bereithalten). Oft haben die Taxis keine Taxameter – vereinbaren Sie einen Festpreis.

TELEFON & HANDY

Bei Inlandgesprächen auf Kuba wählt man die Ortskennzahl mit Null, bei Auslandsgesprächen nach der jeweiligen Landesvorwahl die Ortskennzahl ohne Null, dann die Nummer des Teilnehmers. Für die Cayman Islands, Jamaika, die Dominikanische Republik, Puerto Rico und die Bahamas wählt man die Rufnummer direkt nach der Landeskennzahl.

Jede Insel der Großen Antillen verkauft ihre eigenen Telefonkarten, die man an öffentlichen Telefonzellen (meist beim Postamt) benutzen kann. Mit Skype telefonieren Sie preiswert direkt ins Fest- und Mobilfunknetz *(www.skype.com)*. Es lohnt sich, sein Handy mitzunehmen und die SIM-Karte mit einer vor Ort gekauften auszutauschen.

Vorwahlen: Bahamas *001242*, Cayman Islands *001345*, Dominikanische Republik *001809*, Jamaika *001876*, Kuba *0053*, Puerto Rico *001787*. Vorwahl Deutschland *01149*, Österreich *01143*, Schweiz *01141*; aus Kuba: *11949*, *11943* und *11941*

ZEIT

Auf den Cayman Islands, Jamaika und Kuba ist es sechs Stunden früher als nach der Mitteleuropäischen Zeit (MEZ), in der Dominikanischen Republik und Puerto Rico fünf Stunden früher. Während der europäischen Sommerzeit vergrößert sich der Unterschied um eine Stunde – bis auf Kuba mit eigener Sommerzeit (wie USA-Sommerzeit). Bahamas: MEZ minus sechs Stunden, doch gilt hier USA-Sommerzeit (Mitte März bis Anfang November).

Auf dem Plaza Independencia im dominikanischen Puerto Plata

ZOLL

Bei der Einreise in Karibikstaaten sind Dinge des privaten Bedarfs meist zollfrei. Für bestimmte Medikamente muss man ein Rezept vorzeigen. In Kuba ist unter anderem die Einfuhr elektrischer Geräte beschränkt.

Bei der Einreise in die EU sind eine Stange Zigaretten (200 Stück) und ein Liter Spirituosen zollfrei (je nach Land gelten auch großzügigere Mengen), außerdem dürfen Mitbringsel bis 430 Euro eingeführt werden. Halten Sie sich an die strengen Vorschriften für die Einfuhr landwirtschaftlicher Erzeugnisse und die Ausfuhr geschützter Tiere und Pflanzen! *www.zoll.de*

SPRACHFÜHRER ENGLISCH

AUSSPRACHE

Zur Erleichterung der Aussprache sind alle englischen Wörter mit einer einfachen Aussprache (in eckigen Klammern) versehen. Folgende Zeichen sind Sonderzeichen:

θ	hartes [s] (gesprochen mit Zungenspitze an der oberen Zahnreihe, zischend)
D	weiches [s] (gesprochen mit Zungenspitze an der oberen Zahnreihe, summend)
'	nachfolgende Silbe wird betont
ə	angedeutetes [e] (wie in „Bitte")

AUF EINEN BLICK

ja/nein/vielleicht	yes [jäs]/no [nəu]/maybe [mäibi]
bitte/danke	please [plihs]/thank you [θänkju]
Entschuldige!	Sorry! [Sori]
Entschuldigen Sie!	Excuse me! [Iks'kjuhs mi]
Darf ich ...?	May I ...? [mäi ai ...?]
Wie bitte?	Pardon? ['pahdn?]
Ich möchte .../Haben Sie ...?	I would like to ...[ai wudd 'laik tə ...]/ Have you got ...? ['Həw ju got ...?]
Wie viel kostet ...?	How much is ...? ['hau matsch is ...]
Das gefällt mir (nicht).	I (don't) like this. [Ai (dəunt) laik Dis]
gut/schlecht	good [gud]/bad [bäd]
offen/geschlossen	open ['oupän]/closed ['klousd]
kaputt/funktioniert nicht	broken ['brəukən]/doesn't work ['dasənd wörk]
Hilfe!/Achtung!/Vorsicht!	Help! [hälp]/Attention! [ə'tänschən]/Caution! ['koschən]

BEGRÜSSUNG & ABSCHIED

Guten Morgen!/Tag!	Good morning! [gud 'mohning]/ afternoon! [aftə'nuhn]
Gute(n) Abend!/Nacht!	Good evening! [gud 'ihwning]/night! [nait]
Hallo!/Auf Wiedersehen!	Hello! [hə'ləu]/Goodbye! [gud'bai]
Tschüss!	Bye! [bai]
Ich heiße ...	My name is ... [mai näim is ...]
Wie heißen Sie/heißt Du?	What's your name? [wots jur näim?]
Ich komme aus ...	I'm from ... [Aim from ...]

Do you speak English?

„Sprichst du Englisch?“ Dieser Sprachführer hilft Ihnen, die wichtigsten Wörter und Sätze auf Englisch zu sagen

DATUMS- & ZEITANGABEN

Montag/Dienstag	monday ['mandäi]/tuesday ['tjuhsdäi]
Mittwoch/Donnerstag	wednesday ['wänsdäi]/thursday ['θöhsdäi]
Freitag/Samstag	friday ['fraidäi]/saturday ['sätərdäi]
Sonntag/Werktag	sunday ['sandäi]/weekday ['wihkdäi]
Feiertag	holiday ['holidäi]
heute/morgen/gestern	today [tə'däi]/tomorrow [tə'morəu]/yesterday ['jästədäi]
Stunde/Minute	hour ['auər]/minutes ['minəts]
Tag/Nacht/Woche	day [däi]/night [nait]/week [wihk]
Monat/Jahr	month [manθ]/year [jiər]
Wie viel Uhr ist es?	What time is it? [wot 'taim is it?]
Es ist drei Uhr.	It's three o'clock. [its θrih əklok]

UNTERWEGS

links/rechts	left [läft]/right [rait]
geradeaus/zurück	straight ahead [streit ə'hät]/back [bäk]
nah/weit	near [niə]/far [fahr]
Eingang/Einfahrt	entrance ['äntrənts]/driveway ['draifwäi]
Ausgang/Ausfahrt	exit [ägsit]/exit [ägsit]
Abfahrt/Abflug/Ankunft	departure [dih'pahtschə]/departure [dih'pahtschə]/ arrival [ə'raiwəl]
Darf ich Sie fotografieren?	May I take a picture of you? [mäi ai täik ə 'piktscha of ju?]
Wo ist ...?/Wo sind ...?	Where is ...? ['weə is...?]/Where are ...? ['weə ahr ...?]
Toiletten/Damen/Herren	toilets ['toilət] (auch: restrooms [restruhms])/ladies ['läidihs]/gentlemen ['dschäntlmən]
Bus/Straßenbahn	bus [bas]/tram [träm]
U-Bahn/Taxi	underground ['andəgraunt]/taxi ['tägsi]
Parkplatz/Parkhaus	parking place ['pahking pläis]/car park ['kahr pahk]
Stadtplan/(Land-)Karte	street map [striht mäp]/map [mäp]
Bahnhof/Hafen	(train) station [(träin) stäischən]/harbour [hahbə]
Flughafen	airport ['eəpohrt]
Fahrplan/Fahrschein	schedule ['skädjuhl]/ticket ['tikət]
Zug/Gleis	train [träin]/track [träk]
einfach/hin und zurück	single ['singəl]/return [ri'törn]
Ich möchte ... mieten.	I would like to rent ... [Ai wud laik tə ränt ...]
ein Auto/ein Fahrrad	a car [ə kahr]/a bicycle [ə 'baisikl]
Tankstelle	petrol station ['pätrol stäischən]
Benzin/Diesel	petrol ['pätrəl]/diesel ['dihsəl]
Panne/Werkstatt	breakdown [bräikdaun]/garage ['gärasch]

ESSEN & TRINKEN

Reservieren Sie uns bitte für heute Abend einen Tisch für vier Personen.	Could you please book a table for tonight for four? [kudd juh 'plihs buck ə 'täibəl for tunait for fohr?]
Die Speisekarte, bitte.	The menue, please. [Də 'mänjuh plihs]
Könnte ich bitte ... haben?	May I have ...? [mäi ai häw ...?]
Messer/Gabel/Löffel	knife [naif]/fork [fohrk]/spoon [spuhn]
Salz/Pfeffer/Zucker	salt [sohlt]/pepper ['päppə]/sugar ['schuggə]
Essig/Öl	vinegar ['viniga]/oil [oil]
Milch/Sahne/Zitrone	milk [milk]/cream [krihm]/lemon ['lämən]
mit/ohne Eis/Kohlensäure	with [wiD]/without ice [wiD'aut ais]/gas [gäs]
Vegetarier(in)/Allergie	vegetarian [wätschə'tärian]/allergy ['ällədschi]
Ich möchte zahlen, bitte.	May I have the bill, please? [mäi ai häw De bill plihs]
Rechnung/Quittung	invoice ['inwois]/receipt [ri'ssiht]

EINKAUFEN

Wo finde ich ...?	Where can I find ...? [weə kän ai faind ...?]
Ich möchte .../Ich suche ...	I would like to ... [ai wudd laik tu]/I'm looking for ... [aim luckin foə]
Brennen Sie Fotos auf CD?	Do you burn photos on CD? [Du ju börn 'fəutəus on cidi?]
Apotheke/Drogerie	pharmacy ['farməssi]/chemist ['kemist]
Bäckerei/Markt	bakery ['bäikəri]/market ['mahkit]
Lebensmittelgeschäft	grocery ['grəuscheri]
Supermarkt	supermarket ['sjupəmahkət]
100 Gramm/1 Kilo	100 gram [won 'handrəd gräm]/1 kilo [won kiləu]
teuer/billig/Preis	expensive [iks'pänsif]/cheap [tschihp]/price [prais]
mehr/weniger	more [mor]/less [läss]
aus biologischem Anbau	organic [or'gännik]

ÜBERNACHTEN

Ich habe ein Zimmer reserviert.	I have booked a room. [ai häw buckt ə ruhm]
Haben Sie noch ...?	Do you have any ... left? [du ju häf änni ... läft?]
Einzelzimmer	single room ['singəl ruhm]
Doppelzimmer	double room ['dabbəl ruhm] (Bei zwei Einzelbetten: twin room ['twinn ruhm])
Frühstück/Halbpension	breakfast ['bräckfəst]/half-board ['hahf boəd]
Vollpension	full-board [full boəd]
Dusche/Bad	shower ['schauər]/bath [bahθ]
Balkon/Terrasse	balcony ['bälkəni]/terrace ['tärräs]
Schlüssel/Zimmerkarte	key [ki]/room card ['ruhm kahd]
Gepäck/Koffer/Tasche	luggage ['laggətsch]/suitcase ['sjutkäis]/bag [bäg]

BANKEN & GELD

Bank/Geldautomat	bank [bänk]/ATM [äi ti äm]/cash machine ['käschməschin]
Geheimzahl	pin [pin]
Ich möchte ... Euro wechseln.	I'd like to change ... Euro. [aid laik tu tschäindsch ... iuhro]
bar/ec-Karte/Kreditkarte	cash [käsch]/ATM card [äi ti äm kahrd]/credit card [krädit kahrd]
Banknote/Münze	note [nout]/coin [koin]
Wechselgeld	change [tschäindsch]

TELEKOMMUNIKATION & MEDIEN

Ich suche eine Prepaidkarte.	I'm looking for a prepaid card. [aim 'lucking fohr ə 'pripäid kahd]
Wo finde ich einen Internetzugang?	Where can I find internet access? [wär känn ai faind 'internet 'äkzäss?]
Brauche ich eine spezielle Vorwahl?	Do I need a special area code? [du ai nihd ə 'späschəl 'äria koud?]
Computer/Batterie/Akku	computer [komp'jutə]/battery ['bättəri]/rechargeable battery [ri'tschahdschəbəl 'bättəri]
At-Zeichen („Klammeraffe")	at symbol [ät 'simbəl]
Internetanschluss/WLAN	internet connection ['internet kə'näktschən]/Wifi [waifai] (auch: Wireless LAN ['waərläss lan])
E-Mail/Datei/ausdrucken	email ['imäil]/file [fail]/print [print]

ZAHLEN

0	zero ['sirou]	18	eighteen [äi'tihn]
1	one [wan]	19	nineteen [nain'tihn]
2	two [tuh]	20	twenty ['twänti]
3	three [θri]	21	twenty-one ['twänti 'wan]
4	four [fohr]	30	thirty [θör'ti]
5	five [faiw]	40	fourty [fohr'ti]
6	six [siks]	50	fifty [fif'ti]
7	seven ['säwən]	60	sixty [siks'ti]
8	eight [äit]	70	seventy ['säwənti]
9	nine [nain]	80	eighty ['äiti]
10	ten [tän]	90	ninety ['nainti]
11	eleven [i'läwn]	100	(one) hundred [('wan) 'handrəd]
12	twelve [twälw]	200	two hundred ['tuh 'handrəd]
13	thirteen [θör'tihn]	1000	(one) thousand [('wan) θausənd]
14	fourteen [fohr'tihn]	2000	two thousand ['tuh θausənd]
15	fifteen [fif'tihn]	10000	ten thousand ['tän θausənd]
16	sixteen [siks'tihn]	1/2	a/one half [ə/wan 'hahf]
17	seventeen ['säwəntihn]	1/4	a/one quarter [ə/wan 'kwohtə]

SPRACHFÜHRER SPANISCH

AUSSPRACHE

c	vor „e" und „i" stimmloser Lispellaut wie englisches „th"
ch	stimmloses „tsch" wie in „tschüss"
g	vor „e, i" wie deutsches „ch" in „Bach"
gue, gui/que, qui	das „u" ist stumm, wie deutsches „ge", „gi"/„ke", „ki"
j	immer wie deutsches „ch" in „Bach"
ll, y	wie deutsches „j"
ñ	wie deutsches „nj"

AUF EINEN BLICK

ja/nein/vielleicht	sí/no/quizás
bitte/danke	por favor/gracias
Hallo!/Auf Wiedersehen!/Tschüss!	¡Hola!/¡Adiós!/¡Hasta luego!
Gute(n) Morgen!/Tag!/Abend!/Nacht!	¡Buenos días!/¡Buenos días!/¡Buenas tardes!/¡Buenas noches!
Entschuldige!/Entschuldigen Sie!	¡Perdona!/¡Perdone!
Darf ich ...?	¿Puedo ...?
Wie bitte?	¿Cómo dice?
Ich heiße ...	Me llamo ...
Wie heißen Sie?/Wie heißt Du?	¿Cómo se llama usted?/¿Cómo te llamas?
Ich komme aus ...	Soy de ...
Deutschland/Österreich/Schweiz	Alemania/Austria/Suiza
Ich möchte .../Haben Sie ...?	Querría .../¿Tiene usted ...?
Wie viel kostet ...?	¿Cuánto cuesta ...?
Das gefällt mir (nicht).	Esto (no) me gusta.
gut/schlecht	bien/mal
kaputt/funktioniert nicht	roto/no funciona
zu viel/viel/wenig/alles/nichts	demasiado/mucho/poco/todo/nada
Hilfe!/Achtung!/Vorsicht!	¡Socorro!/¡Atención!/¡Cuidado!
Krankenwagen/Polizei/Feuerwehr	ambulancia/policía/bomberos
Darf ich hier fotografieren?	¿Podría fotografiar aquí?

DATUMS- & ZEITANGABEN

Montag/Dienstag/Mittwoch	lunes/martes/miércoles
Donnerstag/Freitag/Samstag	jueves/viernes/sábado
Sonntag/Werktag/Feiertag	domingo/laborable/festivo

¿Hablas español?

„Sprichst du Spanisch?" Dieser Sprachführer hilft Ihnen, die wichtigsten Wörter und Sätze auf Spanisch zu sagen

heute/morgen/gestern	hoy/mañana/ayer
Stunde/Minute/Sekunde/Augenblick	hora/minuto/segundo/momento
Tag/Nacht/Woche/Monat/Jahr	día/noche/semana/mes/año
jetzt/sofort/früher/später	ahora/enseguida/antes/después
Wie viel Uhr ist es?	¿Qué hora es?
Es ist drei Uhr./Es ist halb vier.	Son las tres./Son las tres y media.
Viertel vor vier/Viertel nach vier	cuatro menos cuarto/cuatro y cuarto

UNTERWEGS

offen/geschlossen/Öffnungszeiten	abierto/cerrado/horario
Eingang/Einfahrt/Ausgang/Ausfahrt	entrada/acceso/salida/salida
Abfahrt/Abflug/Ankunft	salida/salida/llegada
Toiletten/Damen/Herren	aseos/señoras/caballeros
frei/besetzt	libre/ocupado
(kein) Trinkwasser	agua (no) potable
Wo ist ...? /Wo sind ...?	¿Dónde está ...? /¿Dónde están ...?
links/rechts	izquierda/derecha
geradeaus/zurück	recto/atrás
nah/weit	cerca/lejos
Ampel/Ecke/Kreuzung	semáforo/esquina/cruce
Bus/Straßenbahn/U-Bahn/Taxi	autobús/tranvía/metro/taxi
Haltestelle/Taxistand	parada/parada de taxis
Parkplatz/Parkhaus	parking/garaje
Stadtplan/(Land-)Karte	plano de la ciudad/mapa
Bahnhof/Hafen/Flughafen	estación/puerto/aeropuerto
Fähre/Anleger	transbordador/muelle
Fahrplan/Fahrschein/Zuschlag	horario/billete/suplemento
einfach/hin und zurück	sencillo/ida y vuelta
Zug/Gleis/Bahnsteig	tren/vía/andén
Verspätung/Streik	retraso/huelga
Ich möchte ... mieten.	Querría ... alquilar.
ein Auto/ein Fahrrad/ein Boot	un coche/una bicicleta/un barco
Tankstelle/Benzin/Diesel	gasolinera/gasolina/diesel
Panne/Werkstatt	avería/taller

ESSEN & TRINKEN

Reservieren Sie uns bitte für heute Abend einen Tisch für vier Personen.	Resérvenos, por favor, una mesa para cuatro personas para hoy por la noche.
auf der Terrasse/am Fenster	en la terraza/junto a la ventana
Die Speisekarte, bitte!	¡El menú, por favor!

Könnten Sie mir bitte ... bringen?	¿Podría traerme ... por favor?
Flasche/Karaffe/Glas	botella/jarra/vaso
Messer/Gabel/Löffel	cuchillo/tenedor/cuchara
Salz/Pfeffer/Zucker	sal/pimienta/azúcar
Essig/Öl/Milch/Zitrone	vinagre/aceite/leche/limón
kalt/versalzen/nicht gar	frío/demasiado salado/sin hacer
mit/ohne Eis/Kohlensäure	con/sin hielo/gas
Vegetarier/Vegetarierin/Allergie	vegetariano/vegetariana/alergía
Ich möchte zahlen, bitte.	Querría pagar, por favor.
Rechnung/Quittung/Trinkgeld	cuenta/recibo/propina

EINKAUFEN

Apotheke/Drogerie	farmacia/droguería
Bäckerei/Markt	panadería/mercado
Metzgerei/Fischgeschäft	carnicería/pescadería
Einkaufszentrum/Kaufhaus	centro comercial/grandes almacenes
Geschäft/Supermarkt/Kiosk	tienda/supermercado/quiosco
100 Gramm/1 Kilo	cien gramos/un kilo
teuer/billig/Preis	caro/barato/precio
mehr/weniger	más/menos
aus biologischem Anbau	de cultivo ecológico

ÜBERNACHTEN

Ich habe ein Zimmer reserviert.	He reservado una habitación.
Haben Sie noch ...?	¿Tiene todavía ...?
Einzelzimmer/Doppelzimmer	habitación individual/habitación doble
Frühstück/Halbpension/Vollpension	desayuno/media pensión/pensión completa
nach vorne/zum Meer/zum Garten	hacia delante/hacia el mar/hacia el jardín
Dusche/Bad	ducha/baño
Balkon/Terrasse	balcón/terraza
Schlüssel/Zimmerkarte	llave/tarjeta
Gepäck/Koffer/Tasche	equipaje/maleta/bolso
Schwimmbad/Spa/Sauna	piscina/spa/sauna
Seife/Toilettenpapier/Windel	jabón/papel higiénico/pañal
Babybett/Kinderstuhl/wickeln	cuna/trona/cambiar los pañales
Anzahlung/Kaution	anticipo/caución

BANKEN & GELD

Bank/Geldautomat/Geheimzahl	banco/cajero automático/número secreto
bar/Kreditkarte	en efectivo/tarjeta de crédito
Banknote/Münze/Wechselgeld	billete/moneda/cambio

GESUNDHEIT

Arzt/Zahnarzt/Kinderarzt	médico/dentista/pediatra
Krankenhaus/Notfallpraxis	hospital/urgencias
Fieber/Schmerzen/entzündet/verletzt	fiebre/dolor/inflamado/herido
Durchfall/Übelkeit/Sonnenbrand	diarrea/náusea/quemadura de sol
Pflaster/Verband/Salbe/Creme	tirita/vendaje/pomada/crema
Schmerzmittel/Tablette/Zäpfchen	calmante/comprimido/supositorio

TELEKOMMUNIKATION & MEDIEN

Briefmarke/Brief/Postkarte	sello/carta/postal
Ich brauche eine Telefonkarte.	Necesito una tarjeta telefónica.
Ich suche eine Prepaidkarte für mein Handy.	Busco una tarjeta prepago para mi móvil.
Wo finde ich einen Internetzugang?	¿Dónde encuentro un acceso a internet?
wählen/Verbindung/besetzt	marcar/conexión/ocupado
Steckdose/Adapter/Ladegerät	enchufe/adaptador/cargador
Computer/Batterie/Akku	ordenador/batería/batería recargable
E-Mail(-Adresse)/At-Zeichen	(dirección de) correo electrónico/arroba
Internetadresse (URL)	dirección de internet
Internetanschluss/WLAN	conexión a internet/wifi
Datei/ausdrucken	archivo/imprimir

FREIZEIT, SPORT & STRAND

Strand/Sonnenschirm/Liegestuhl	playa/sombrilla/tumbona
Ebbe/Flut/Strömung	marea baja/marea alta/corriente
Seilbahn/Sessellift	funicular/telesilla

ZAHLEN

0	cero	14	catorce
1	un, uno, una	15	quince
2	dos	16	dieciséis
3	tres	17	diecisiete
4	cuatro	18	dieciocho
5	cinco	19	diecinueve
6	seis	20	veinte
7	siete	100	cien, ciento
8	ocho	200	doscientos, doscientas
9	nueve	1000	mil
10	diez	2000	dos mil
11	once	10 000	diez mil
12	doce	1/2	medio
13	trece	1/4	un cuarto

REISEATLAS

Verlauf der Erlebnistour „Kuba intensiv"
Verlauf der Erlebnistouren

Der Gesamtverlauf aller Touren ist auch in der herausnehmbaren Faltkarte eingetragen

 Bild: Bahamas-Insel Eleuthera bei Gregory Town an der Westküste

Unterwegs auf den Großen Antillen

Die Seiteneinteilung für den Reiseatlas finden Sie auf dem hinteren Umschlag dieses Reiseführers

A
B
C
US
1
2
3
4
5
6
Gulf of Mexico
Dry Tortugas
Fort Jefferson Nat. Mem.
Dry Tortugas Nat. Park
Marquesas Keys
Key West
3891
Tropic of Cancer
714
2343
LA HABANA
Tabara
Guanabo
104
Guanabaco
Santa Fe
Bauta
Mariel
Cabañas
Bahía Honda
Cotorro
S. José d. l. Lajas
Bejucal
Güira de Melena
Güines
Batabanó
Playa Rosa
Ensenada de la Broa
Maneadero
Pen.
1166
Archipiélago de los Colorados
Cayo Levisa
La Esperanza
Sta. Lucía
Minas de Matahambre
Arroyos de Mantua
Mantua
La Palma
Guanajay
Cayajabos
Artemisa
S. Cristóbal
Taco Taco
Paso Real de S. Diego
V. Viñales
PINAR DEL RÍO
Consolación del Sur
Playa Dayaniguas
S. Juan y Martínez
Vuelta Abajo
Hondo
Golfo de Batabanó
CC
Sandino
Isabel Rubio
Playa las Cañas
Aguas Claras
Cayos de San Felipe
Pen. de Guanahacabibes
B. de Guadiana
P.N. Penins. de Guanahacabibes
Bahía de Corrientes
La Bajada
Las Martinas
C. de S. Antonio
C. Corrientes
Cayos los Indios
La Melvis
Nueva Gerona
La Reforma
La Fé
Siguanea
Jacksonville
Pta. del Este
Rincon del Guanal
Isla de la Juventud (Isla de Pinos)
Cayo Cantiles
Cayo del Rosario
2451
Archipiélago de los Canarreos
Nizuc
4800
3620
Yucatán Basin
Cayman R
4020
50 km
31.07 mi
438

D
E
F
Homestead
Perrine
Biscayne Nat. Park
Elliott Key
Everglades National Park
Whitewater Bay
C. Sable
East Cape
Flamingo
Florida Bay
Key Largo
Islamorada
158
Marathon
Pine Key
Florida Keys
Straits of Florida
Estrechos de la Florida
Cat Cays
Brown's Cay
Berry Islands
Chub Cay
Whale Cay
Joulter Cays
New Providence
Nichols Town
Mastic Point
Orange Cay
THE BAHAMAS
Andros
Williams I.
Staniard Creek
Andros Island
Wide Opening
South Andros I.
Great Bahama Bank
Damas Cays
Santaren Channel
Cay Sal
Anguilla Cays
Nicholas Channel
Archipiélago de Sabana
Archipiélago de Camagüey
Guinchos Cay
Cayo Romano
MATANZAS
Varadero
Sta. Marta
Cárdenas
Bahía de Sta. Clara
Quintín Banderas
Isabela de Sagua
Coliseo
Máximo Gómez
Jovellanos
Perico
Sagua la Grande
Cayo Fragoso
Pedro Betancourt
Colón
Sitiecito
Cifuentes
El Santo
Calabazar d. Sagua
Cayo Guillermo
Caibarién
Cayo Coco
Cascajal
Presa Alacranes
Jagüey Grande
Manguito
Sto. Domingo
Remedios
Bahía Buena Vista
Aguada de Pasajeros
Cruces
SANTA CLARA
Yaguajay
Pta. Alegre
Palpite
Cayo Ramona
Ranchuelo
Presa del Hanabanilla
Placetas
Chambas
CIEN-FUEGOS
Manicaragua
Jarahueca
Bolivia
La Rana
Morón
Cumanayagua
Fomento
Cabaiguán
Jatibonico
Santa Ana
El Corojal
Jagua
Sancti Spíritus
Ciego de Ávila
Esmeralda
Brasil
Majagua
S. Pablo
Jiquí
La Sierpe
Banao
Derramadero
Colorado
Paso de Lesca
Bahía de Cochinos
Golfo de Cazones
Trinidad
Banao
Tunas de Zaza
Manatí
Florida
La Jagua
CAMAGÜEY
Golfo de Ana María
Playa de Florida
La Vallita
Vertientes
Cuatro Caminos
CUBA
Cayos Cinco Balas
Cayo Grande
San Pedro
La Palmarita
Cayo Caballones
Cándido González
Cubitas
Cayos Anclitas
Sta. Cruz del Sur
Cayo Cabeza del Este
Archipiélago de los Jardines de la Reina
Golfo de Guacanayabo
Niquero
P.N. Desembarco del Granma
C. Cruz
Little Cayman
South Town
Cayman Brac
West End
Cayman Islands (U.K.)
Largo

154
150

A
B
C
154
1
2
3
4
5
6
CUBA
Archipiélago de Camagüey
Cayo Romano
Guinchos Cay
Cay Lobos
Channel Rock
Cayo Coco
Cayo Guajaba
Cayo Sabinal
Pta. Maternillos
Club Mayanabo
Bahía de la Gloria
Bolivia
Santa Ana
S. Pablo
Esmeralda
Brasil
Colorado
Jiquí
Banao
Sola
Paso
Nuevitas
Florida
La Jagua
de Lesca
Minas
CAMAGÜEY
San Miguel de Baga
La Vallita
Sibanicú
Cascorro
Vertientes
Cuatro Caminos
Guáimaro
La Palmarita
Colombia
Cubitas
Cándido González
Jobabo
Amancio
Cayo Cabeza del Este
Sta. Cruz del Sur
Guayabal
Golfo de Guanacayabo
Manatí
Pto. Padre
Jesús Menéndez
B. de Malagueta
Vázquez
Las Tunas
San Andrés
Auras
Gibara
Gastón
Guardalavaca
C. Lucrecia
Banes
B. de Banes
Rafael Freyre
Tacajó
Antilla
B. de Nipe
Buenaventura
Cahotal
HOLGUÍN
Vado del Yeso
Cauto
Báguanos
Cacocum
Cayo Mambí
Rio Cauto
Embarcadero
Urbano Noris
Cueto
Mayarí
Sagua de Tánamo
Los Indios
Manzanillo
Julia-Mabay
BAYAMO
Jiguaní
Héche-varria
Grupo Sagua-Ba
Mella
Mayarí Arriba
Limonar
Campechuela
Contramaestre
San Ramón
Yara
B. Arriba
Guisa
Victorino
Palma Soriano
La Maya
Niquero
Bartolomé
S. Luís
Costa R.
GUAN
Masó
Sierra Maestra
Ocujal
Ruina de Cafetal
P.N. Desembarco del Granma
Belic
C. Cruz
Pilón
Marea del Portillo
El Macho
Chivirico
SANTIAGO DE CUBA
Bacajagua
Boqueron
Balneario del Sol
Cuero
Guantánamo Naval S. (U.S.)
B. de Santiago de Cuba
George Town
Little Exuma I.
Hog Cay
Deadman's Cay
Jumentos Cays
Water Cay
Clarence Town
South Pt.
Ragged Island Range
Raccon Cay
Duncan Town
Little Ragged I.
Cay Verde
Lloyd Rock (The Brothers)
Cay Santo Domingo
JAMAICA
Montego Bay
Lucea
Grange Hill
Negril
S. Negril Pt.
Savanna-la-Mar
Black River
Treasure Beach
Frenchman's Bay
Alligator Pond
Long Bay
The Alley
Portland Pt.
Portland Bight
Good Hope Plantation
Falmouth
Rio Bueno
Columbus Landing 1494
Runaway Bay
St. Ann's Bay
Dunns River Falls
Ocho Rios
Oracabessa
Port Maria
Annotto Bay
Buff Bay
Port Antonio
Browns Town
Cambridge
Mt. Denham
Baptist
Appleton
Alexandria
Moneague
Gourie
Linstead
Mandeville
Chapelton
May Pen
Blue Mts.
Blue & J.Crow Mts. N.P.
Manchioneal
KINGSTON
Holland Bay
Golden Grove
Portmore
Spanish Town
Harbour View
Morant Bay
Jamaica Channel
Morant Cays
Pedro Cays
50 km
31.07 mi

D
E
F
155
1
2
3
4
5
6
ATLANTIC OCEAN
THE BAHAMAS
Turks and Caicos Islands (U.K.)
Samana Cay
White Cliff
Bird Rock Lighthouse
Crooked Island
Pitts Town
Colonel Hill
Long Cay
Albert Town
Bight of Acklins
Pinefield
Plana Cays
Indian Community
Snug Corner
Acklins I.
Salina Pt.
Castle I.
Mira por vos Passage
Mayaguana Passage
Betsy Bay
Abraham's Bay
Mayaguana I.
Devil's Pt.
Caicos Passage
North Caicos
Water Cay
Conch Bar Caves
Providenciales Island
Five Cays Settlements
West Caicos
Bottle Creek
Grand Caicos
East Caicos
Caicos Islands
Grand Turk Island
Cockburn Town
Cockburn Harbor
South Caicos
Big Ambergris Cay
Turks Island Passage
Turks Islands
Northwest Cay
Little Inagua I.
Northeast Pt.
Great Inagua I.
Northwest Pt.
L. Rosa
Bahamas Nat. Trust Park
Matthew Town
Southwest Pt.
Southeast Pt.
-5h Gr.Time
-4h Gr.Time
P.N. A.d.Humboldt
Cayo Güin
Baracoa
Jamal
Maisí
Pta. de Quemados
La Máquina
Jauco
Paso de los Vientos
Passe du Vent
Île de la Tortue
Pte. Quest
Palmiste
Port-de-Paix
Le Borgne
Cap-Haïtien
Jean-Rabel
Anse Rouge
Gros-Morne
Limbé
Les Trois Rivières
Caracol
Fort Liberté
P.N. Monte Christi
Monte Cristi
Villa Vázquez
Guayubín
La Plateforme
Eau de Boynes
Acul du Nord
Milot
Citadelle
la Ferrière
Dondon
Terrier Rouge
Dajabón
Mao
Sabaneta
Loma de Cabrera
Golfe de la Gonâve
Gonaïves
Ennery
St. Michel de l'Attalaye
Vallières
Cordillera
AYITI HAÏTI
Villard
Montagnes Noires
Hinche
Los Palos
Restauración
Bánica
St. Marc
Canal de St.-Marc
Pointe des Lataniers
Île de la Gonâve
Pte. Riv. de l'Artibonite
Montrouis
Mirebalais
Arcahaie
Thomonde
Matayaya
Belladère
San Juan
Canal du Sud
Anse-à-Galets
PORT-AU-PRINCE
Trianon
La Toison
Sierra de Neiba
La Descubierta
Neiba
Vicente Noble
Jérémie
Grande Cayemite
Anse-à-Veau
Corail
Roseaux
Baradères
Massif du Sud ou de la Hotte
L'Asile
Miragoâne
Pétionville
Kenscoff
La Visite
Jimaní
Lago Enriquillo
Léogâne
Petit Goâve
Bainet
Jacmel
Marigot
Massif de la Selle
Belle Anse
Cabral
Barahona
Sa. de Baoruco
Tiburon
Manìche
Côteaux
Les Cayes
Aquin
Port Salut
Île-à-Vache
Fouquet
Pedernales
Cabo Falso o P. Agujas
Oviedo
Hispaniola
Isla Beata
Cabo Beata
P.N. Jaragua

© Berndtson & Berndtson Productions GmbH, Fürstenfeldbruck

D
E
F
1
2
3
50 km
31.07 mi
Puerto Rico
(U.S.)
SAN JUAN
BAYAMON
CAROLINA
Arecibo
La Cueva del Indio
Isabela
Camuy
Vega Baja
Dorado
Cataño
Aguadilla
Aguada
Punta Higüero
Rincón
Añasco
MAYAGÜEZ
Maricao
San Germán
Boquerón
Cabo Rojo
Parguera
Guánica
S.Sebastian
Lares
Cordillera Central
Dos Bocas
Utuado
Manatí
Corozal
Ciales
Comerio
Barranquitas
Aibonito
La Caguana
Yauco
PONCE
Santa Isabel
Isla Morrillito
Coamo
Cayey
Guaynabo
Gurabo
Juncos
Caguas
San Lorenzo
Yabucoa
Patillas
Guayama
Humacao
Naguabo
El Yunque
Luquillo
Fajardo
Cabezas de San Juan
Isla de Culebra
Dewey
Pta. Puerca
Isabel II
Isla de Vieques
Vieques Passage
Punta Guilarte
Puerto Rico
Caribbean Sea

4
5
6
Long Cay
Silver Cay
Brown's Point
Saunder's Beach
Marriott Casino and Resort
Arawak Cay
Colonial Beach
Paradise Beach
Pirates Cove
Atlantis Paradise Island Resort & Casino
ITT Sheraton Grand Hotel
Sunrise Beach Club
Cabbage Beach
Salt Cay
The Narrows
Hanover Sound
Ocean Club
Paradise Isl. Golf Course
Paradise (Hog) I.
British Colonial Beach Resort
Club Med
Bay View Village
Versailles Gardens
Paradise Island Airport
Yacht Haven
Sea Gardens
Athol Island
West Bay St.
Beach Hotel
Fort Charlotte
Bay St.
Straw Market
Shirley
East Bay Street
Fort Fincastle
Fort Montagu
Montagu Beach
Dicks Point
Cable Beach Golf Course
GREATER CHIPPINGHAM
BOYD
Nassau Street
Rosalee's
CENTREVILLE
Dunmore Village
NASSAU
J.F.K. Blvd.
OAKES FIELD
Government Building
Queen's College
The Retreat
Eastern Rd.
Wulff St.
Village S.C.
Blackbeard's Tower
Creek Village
STAPLETON GARDENS
Oakes Field Golf Course
ENGLERSTON
Regency Park
Sandilands Village
Fox Hill Village
Camperdown
Harrold Rd.
Oakes Field Airfield
Town Centre Mall
Robinson Rd.
Independence Drive
Highbury Park
Prince Charles S.C.
St. Augustine Monastery
Winton Heights
East End Point
Gladstone Farms
Harold Pond
Wilson Pond
Golden Gates
Golden Gates S.C.
KENSINGTON GARDENS
GLENISTON GARDENS
Drive In Theatre
Prince Charles Drive
Winton Meadows
SUNSHINE PARK
NASSAU EAST
EASTERN ESTATES
Winton S.C.
Culberts Point
Faith Ave.
South Breeze Estates
Yamacraw Hill Road
Culberts Bay
Carmichael Road
Blue Hill Road
East Street
Pinewood Gardens Estates
Yamacraw Hill Estates
Yamacraw Beach
SOUTH BEACH ESTATE EAST
Millar Heights
SOUTH BEACH ESTATE WEST
Malcolm Creek
Port New Providence
Cow Pen Road
South Beach Rd.
Long Point
South Beach
Bonefish Pond
ATLANTIC OCEAN
Cay Point

A
B
C
1
2
3
4
5
6
Florida
Stuart
Port Mayaca
West Palm Beach
Lake Worth
Delray Beach
Boca Raton
Deerfield Beach
Margate
Pompano Beach
FT. LAUDERDALE
HOLLYWOOD
Carol City
Hallandale
HIALEAH
Miami Beach
MIAMI
Kendall
Florida
Biscayne Nat. Park
Elliott Key
Key Largo
Keys
Straits of Florida
Estrechos de la Florida
Northwest Providence Channel
Great Sale Cay
Little Abaco I.
Abaco Islands
Cooper's Town
Marsh Harbour
Great Abaco I.
Cherokee Sound
Hole in the Wall
Southwest Point
West End
High Rock
McLean's Town
Freeport
Grand Bahama Island
Hard Bargin
Moore's I.
Gorda Cay
Sandy Pt.
Cornwall
Great Isaac
North Bimini
Alice Town
South Bimini
Cat Cays
Bimini Islands
Brown's Cay
Great Harbour Cay
Bullock's Harbour
Hoffmans Cay
Berry Islands
Little Harbour
Chub Cay
Bonds Cay
Whale Cay
Joulter Cays
Northeast Providence Channel
Royal I.
The Current
Nichols Town
Mastic Point
New Providence I.
Paradise I.
NASSAU
Coral Heights
Orange Cay
Andros Island
Staniard Creek
Williams I.
Andros Town
Highbourn Cay
AUTEC (U.S. Navy) research center
Wide Opening
Big Wood Cay
Exuma Cays Land and Sea Park
Congo Town
Kemps Bay
Green Cay
South Andros I.
Cistern Pt.
Curly Cut Cays
Great Bahama Bank
Damas Cays
Santaren Channel
Cay Sal
Anguilla Cays
Nicholas Channel
Archipiélago de Sabana
Isabela de Sagua
Quintin Banderas
Sagua la Grande
Cayo Fragoso
Sitiecito
Cifuentes
El Santo
Calabazar d. Sagua
Sto. Domingo
Remedios
Caibarién
Cayo Guillermo
Archipiélago de Camagüey
Guinchos Cay
Bahía Buena Vista
Cayo Coco
Cruces
SANTA CLARA
Ranchuelo
Yaguajay
Pta. Alegre
Cayo Romano
Cay Lobos
Cumanayagua
Placetas
Manicaragua
Jarahueca
Chambas
Bolivia
CIENFUEGOS
Fomento
Cabaiguán
La Rana
Morón
Sancti Spíritus
Jatibonico
Santa Ana
Cayo Guajaba
Trinidad
Banao
Majagua
La Sierpe
Ciego de Ávila
Esmeralda
Brasil
S. Pablo
Derrama-dero
Colorado
Jiquí
Banao
Sola
Bahía de la Gloria
Cayo Sabinal
Pta. Maternillos
Tunas de Zaza
Manatí
La Jagua
Florida
Paso de Lesca
Minas
Nuevitas
Club Mayanabo
Golfo de Ana María
Playa de Florida
La Vallita
CAMAGÜEY
San Miguel de Baga
Sibanicú
Cascorro
Manatí
Pto. Padre
Vertientes
Cayos Cinco Balas
Cayo Grande
San Pedro
Cuatro Caminos
Guáimaro
Vázquez
Las Tunas
La Palmarita
Cayo Caballones
Cayos Anclitas
Cándido González
Cubitas
Colombia
Jobabo
Amancio
Buenaventura
Vado del Yeso
Sta. Cruz
Guayabal

D
E
F
1
2
3
4
5
6
50 km
31.07 mi
ATLANTIC OCEAN
THE BAHAMAS
Eleuthera I.
Governor's Harbour
Rock Sound
Bannerman Town
East End Pt.
Little San Salvador I.
Northeast Pt.
Arthur's Town
Cat Island
New Bight
Moss Town
Port Howe
White Cay
San Salvador (Guanahani I.)
Columbus Monument
Cockburn Town
Southwest Pt.
Concepción I.
Cape Santa Maria
Rum Cay (Mamana I.)
Port Nelson
Rolleville
Elizabeth Harbour
Burnt Ground
William's Town
Millerton
Simms
George Town
Little Exuma I.
Hog Cay
Long Island
Deadman's Cay
Clarence Town
Mortimers
Jumentos Cays
Water Cay
Samana Cay
White Cliff
Bird Rock Lighthouse
Crooked Island
South Pt.
Pitts Town
Colonel Hill
Long Cay
Albert Town
Bight of Acklins
Pinefield
Plana Cays
Indian Community
Snug Corner
Betsy Bay
Abraham's Bay
Devil's Pt.
Mayaguana Passage
Acklins I.
Salina Pt.
Castle I.
Mira por vos Cays
Mira por vos Passage
Ragged Island Range
Raccon Cay
Duncan Town
Little Ragged I.
Lloyd Rock (The Brothers)
Cay Verde
Cay Santo Domingo
Northwest Cay
Little Inagua I.
Northeast Pt.
Great Inagua I.
Northwest Pt.
Matthew Town
L. Rosa
Bahamas Nat. Trust Park
Southeast Pt.
CUBA
Gibara
Guardalavaca
C. Lucrecia
Banes
B. de Banes
Rafael Freyre
Tacajó
Antilla
HOLGUÍN
B. de Nipe
Báguanos
Cayo Mambí
Moa
151

KARTENLEGENDE

Autobahn, mehrspurige Straße - in Bau Highway, multilane divided road - under construction		Autoroute, route à plusieurs voies - en construction Autopista, carretera de más carriles - en construcción
Fernverkehrsstraße - in Bau Trunk road - under construction		Route à grande circulation - en construction Ruta de larga distancia - en construcción
Hauptstraße Principal highway		Route principale Carretera principal
Nebenstraße Secondary road		Route secondaire Carretera secundaria
Fahrweg, Piste Practicable road, track		Chemin carrossable, piste Camino vecinal, pista
Straßennummerierung Road numbering	13 BR 230 1	Numérotage des routes Numeración de carreteras
Entfernungen in km Distances in km	259 130 129	Distances en km Distancias en km
Höhe in Meter - Pass Height in meters - Pass	1365	Altitude en mètres - Col Altura en metros - Puerto de montaña
Eisenbahn Railway		Chemin-de-fer Ferrocarril
Autofähre - Schifffahrtslinie Car ferry - Shipping route		Bac autos - Ligne maritime Transportador de automóviles - Ferrocarriles
Wichtiger internationaler Flughafen - Flughafen Major international airport - Airport		Aéroport important international - Aéroport Aeropuerto importante internacional - Aeropuerto
Internationale Grenze - Bundesstaatengrenze International boundary - federal boundary		Frontière nationale - Frontière fédérale Frontera nacional - Frontera federal
Unbestimmte Grenze Undefined boundary		Frontière d'État non définie Frontera indeterminada
Zeitzonengrenze Time zone boundary	-4h Greenwich Time -3h Greenwich Time	Limite de fuseau horaire Límite del huso horario
Hauptstadt eines souveränen Staates National capital	BOGOTÁ	Capitale nationale Capital de un estado soberano
Hauptstadt eines Bundesstaates State capital	BOA VISTA	Capitale d'un état fédéral Capital de estado
Sperrgebiet Restricted area		Zone interdite Zona prohibida
Indianerreservat - Nationalpark Indian reservation - National park		Réserve d'indiens - Parc national Reserva de indios - Parque nacional
Sehenswertes Kulturdenkmal Interesting cultural monument	Uxmal	Monument culturel intéressant Monumento cultural de interés
Sehenswertes Naturdenkmal Interesting natural monument	Agua Azul Cascades	Monument naturel intéressant Monumento natural de interés
Brunnen, Salzsee Well, Salt lake		Puits, Lac salé Pozo, Lago salado
MARCO POLO Erlebnistour 1 MARCO POLO Discovery Tour 1		MARCO POLO Tour d'aventure 1 MARCO POLO Recorrido aventura 1
MARCO POLO Erlebnistouren MARCO POLO Discovery Tours		MARCO POLO Tours d'aventure MARCO POLO Recorridos de aventura
MARCO POLO Highlight	1	MARCO POLO Highlight

FÜR IHRE NÄCHSTE REISE ...

ALLE **MARCO POLO** REISEFÜHRER

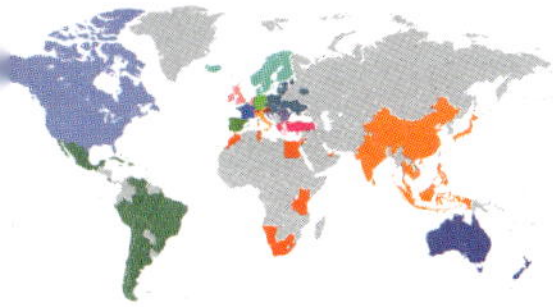

DEUTSCHLAND
Allgäu
Bayerischer Wald
Berlin
Bodensee
Chiemgau/ Berchtesgadener Land
Dresden/ Sächsische Schweiz
Düsseldorf
Eifel
Erzgebirge/ Vogtland
Föhr & Amrum
Franken
Frankfurt
Hamburg
Harz
Heidelberg
Köln
Lausitz/Spreewald/ Zittauer Gebirge
Leipzig
Lüneburger Heide/ Wendland
Mecklenburgische Seenplatte
Mosel
München
Nordseeküste Schleswig-Holstein
Oberbayern
Ostfriesische Inseln
Ostfriesland/Nordseeküste Niedersachsen/Helgoland
Ostseeküste Mecklenburg-Vorpommern
Ostseeküste Schleswig-Holstein
Pfalz
Potsdam
Rheingau/ Wiesbaden
Rügen/Hiddensee/ Stralsund
Ruhrgebiet
Schwarzwald
Stuttgart
Sylt
Thüringen
Usedom
Weimar

ÖSTERREICH SCHWEIZ
Kärnten
Österreich
Salzburger Land
Schweiz
Steiermark
Tessin
Tirol
Wien
Zürich

FRANKREICH
Bretagne
Burgund
Côte d'Azur/ Monaco
Elsass
Frankreich
Französische Atlantikküste
Korsika
Languedoc-Roussillon
Loire-Tal
Nizza/Antibes/ Cannes/Monaco
Normandie
Paris
Provence

ITALIEN MALTA
Apulien
Dolomiten
Elba/Toskanischer Archipel
Emilia-Romagna
Florenz
Gardasee
Golf von Neapel
Ischia
Italien
Italienische Adria
Italien Nord
Italien Süd
Kalabrien
Ligurien/ Cinque Terre
Mailand/ Lombardei
Malta & Gozo
Oberital. Seen
Piemont/Turin
Rom
Sardinien
Sizilien/ Liparische Inseln
Südtirol
Toskana
Venedig
Venetien & Friaul

SPANIEN PORTUGAL
Algarve
Andalusien
Barcelona
Baskenland/ Bilbao
Costa Blanca
Costa Brava
Costa del Sol/ Granada
Fuerteventura
Gran Canaria
Ibiza/Formentera
Jakobsweg Spanien
La Gomera/ El Hierro
Lanzarote
La Palma
Lissabon
Madeira
Madrid
Mallorca
Menorca
Portugal
Spanien
Teneriffa

NORDEUROPA
Bornholm
Dänemark
Finnland
Island
Kopenhagen
Norwegen
Oslo
Schweden
Stockholm
Südschweden

WESTEUROPA BENELUX
Amsterdam
Brüssel
Dublin
Edinburgh
England
Flandern
Irland
Kanalinseln
London
Luxemburg
Niederlande
Niederländische Küste
Schottland
Südengland

OSTEUROPA
Baltikum
Budapest
Danzig
Krakau
Masurische Seen
Moskau
Plattensee
Polen
Polnische Ostseeküste/ Danzig
Prag
Slowakei
St. Petersburg
Tallinn
Tschechien
Ungarn
Warschau

SÜDOSTEUROPA
Bulgarien
Bulgarische Schwarzmeerküste
Kroatische Küste Dalmatien
Kroatische Küste Istrien/Kvarner
Montenegro
Rumänien
Slowenien

GRIECHENLAND TÜRKEI ZYPERN
Athen
Chalkidiki/ Thessaloniki
Griechenland Festland
Griechische Inseln/ Ägäis
Istanbul
Korfu
Kos
Kreta
Peloponnes
Rhodos
Samos
Santorin
Türkei
Türkische Südküste
Türkische Westküste
Zákinthos/Itháki/ Kefalloniá/Léfkas
Zypern

NORDAMERIKA
Chicago und die Großen Seen
Florida
Hawai'i
Kalifornien
Kanada
Kanada Ost
Kanada West
Las Vegas
Los Angeles
New York
San Francisco
USA
USA Ost
USA Südstaaten/ New Orleans
USA Südwest
USA West
Washington D.C.

MITTEL- UND SÜDAMERIKA
Argentinien
Brasilien
Chile
Costa Rica
Dominikanische Republik
Jamaika
Karibik/ Große Antillen
Karibik/ Kleine Antillen
Kuba
Mexiko
Peru & Bolivien
Yucatán

AFRIKA UND VORDERER ORIENT
Ägypten
Djerba/ Südtunesien
Dubai
Israel
Jordanien
Kapstadt/ Wine Lands/ Garden Route
Kapverdische Inseln
Kenia
Marokko
Namibia
Rotes Meer & Sinai
Südafrika
Tansania/Sansibar
Tunesien
Vereinigte Arabische Emirate

ASIEN
Bali/Lombok/Gilis
Bangkok
China
Hongkong/Macau
Indien
Indien/Der Süden
Japan
Kambodscha
Ko Samui/ Ko Phangan
Krabi/ Ko Phi Phi/ Ko Lanta
Malaysia
Nepal
Peking
Philippinen
Phuket
Shanghai
Singapur
Sri Lanka
Thailand
Tokio
Vietnam

INDISCHER OZEAN UND PAZIFIK
Australien
Malediven
Mauritius
Neuseeland
Seychellen

Viele MARCO POLO Reiseführer gibt es auch als eBook – und es kommen ständig neue dazu!
Checken Sie das aktuelle Angebot einfach auf: www.marcopolo.de/e-books

REGISTER

In diesem Register sind alle im Reiseführer erwähnten Sehenswürdigkeiten und Ausflugsziele aufgeführt. Gefettete Seitenzahlen verweisen auf den Haupteintrag.

SCHREIBEN SIE UNS!

Egal, was Ihnen Tolles im Urlaub begegnet oder Ihnen auf der Seele brennt, lassen Sie es uns wissen! Ob Lob, Kritik oder Ihr ganz persönlicher Tipp – die MARCO POLO Redaktion freut sich auf Ihre Infos.
Wir setzen alles dran, Ihnen möglichst aktuelle Informationen mit auf die Reise zu geben. Dennoch schleichen sich manchmal Fehler ein – trotz gründlicher Recherche unserer Autoren/innen. Sie haben sicherlich Verständnis, dass der Verlag dafür keine Haftung übernehmen kann.

MARCO POLO Redaktion
MAIRDUMONT
Postfach 31 51
73751 Ostfildern
info@marcopolo.de

IMPRESSUM
Titelbild: Dominikanische Republik, Playa de Punta Bonita (Look/age)
Fotos: Cooyah: Ryan Micheal (18 M.); Flowers Sea Swim (19 u.); huber-images: T. Bierbaum (110), M. Borchi (85), P. Canali (4 u., 104/105), P. Clark-Hill (45), B. Cossa (46/47), Gräfenhain (66/67, 92/93, 94, 146/147), S. Kremer (14/15, 32/33, 54/55, 61, 71, 76, 78, 80/81, 82, 106/107, 114, 137), D. Pearson (56), Schmid (Klappe r., 28 r., 34), R. Schmid (39), Siering (30/31); G. Jung (31, 74, 124); Laif: K. Amsler (23), Bialobrzeski (73), Gonzalez (91), Huber (126, 128/129), Kirchgessner (97, 98, 103), T. Linkel (29), Sasse (4 o., 58, 64, 128, 131), Serena (43); Laif/hemis.fr: J. - P. Degas (20/21); Laif/Hemisheres (113); Laif/Polaris: T. Rock (48/49); Look/age (1 o.); maritius images/age: R. Valls López (121); maritius images/Alamy: S. Reboredo (127); maritius images/Alamy/Stephen Frink Collection (122/123); maritius images/Glasshouse: E. Schwortz (119); maritius images/Prisma/VC-DLH (129); maritius images/robertharding: S. Pitamitz (126/127); mauritius images: R. Eisele (130 u.), F. Martin (12/13), Weinhäupl (130 o.); mauritius images/age: R. Discherl (68); mauritius images/Alamy (Klappe l., 3, 6, 7, 10, 11, 86, 101), M. De Freitas Caribbean (30), M. DeFreitas Caribbean (8), G. Genin (89), T. Hanley (53), A. Novelli (9), G. Oze (87), J. Schwabel (50); mauritius images/Alamy/Images & Stories (25); mauritius images/Alamy/MARKA (17); mauritius images/Alamy/Prisma Bildagentur (19 o.); mauritius images/Alamy/Stephen Frink Collection (2); mauritius images/foodcollection (18 o.); mauritius images/Foodpix (28 l.); mauritius images/Imagebroker: E. Bömisch (37), M. Moxter (62), F. von Poser (41); mauritius images/Imagebroker/gourmet-vision (26/27); SeavisTours: Gerardo Neiro (18 u.); I. Tonollo (1 u.); White Star: Steinert (5)

12. Auflage 2017
Komplett überarbeitet und neu gestaltet
© MAIRDUMONT GmbH & Co. KG, Ostfildern
Chefredaktion: Marion Zorn; Autoren: Irmeli Tonollo, Karl Teuschl (Bahamas); Redaktion: Martin Silbermann
Verlagsredaktion: Stephan Dürr, Lucas Forst-Gill, Susanne Heimburger, Nikolai Michaelis, Kristin Wittemann; Bildredaktion: Gabriele Forst; Im Trend: wunder media, München
Kartografie Reiseatlas: © MAIRDUMONT, Ostfildern, Berndtson & Berndtson Productions GmbH, Fürstenfeldbruck; Kartografie Faltkarte: © MAIRDUMONT, Ostfildern
Gestaltung Cover, S. 1, S. 2/3, Faltkartencover: Karl Anders – Büro für Visual Stories, Hamburg; Gestaltung innen: milchhof:atelier, Berlin; Gestaltung Erlebnistouren: Susan Chaaban Dipl.-Des. (FH)
Sprachführer: in Zusammenarbeit mit Ernst Klett Sprachen GmbH, Stuttgart, Redaktion PONS Wörterbücher
Das Werk einschließlich aller seiner Teile ist urheberrechtlich geschützt.
Jede urheberrechtsrelevante Verwertung ist ohne Zustimmung des Verlags unzulässig und strafbar. Das gilt insbesondere für Vervielfältigungen, Übersetzungen, Nachahmungen, Mikroverfilmungen und die Einspeicherung und Verarbeitung in elektronischen Systemen.
Printed in China

FSC
www.fsc.org
MIX
Paper from responsible sources
FSC® C011918

BLOSS NICHT

Was Sie auf den Großen Antillen und den Bahamas vermeiden sollten

GEDANKENLOS FOTOGRAFIEREN

Seien Sie beim Fotografieren von Einheimischen besonders vorsichtig! Auf manchen Inseln reagieren die Menschen sogar aggressiv, wenn sie nur glauben, auf dem Bild zu sein. Vor allem an der Nordküste Jamaikas ist es diesbezüglich bereits zu unangenehmen Zwischenfällen gekommen.

GELD SCHWARZ TAUSCHEN

Auf Kuba, in der Dominikanischen Republik und auf Jamaika ist der Umtausch der jeweiligen Landeswährung ausdrücklich nur in Banken und den staatlich lizenzierten Wechselstuben erlaubt. Wenn Sie dennoch privat Ihre Dollar einwechseln, könnte im schlimmsten Fall Ihr Urlaub ein jähes Ende nehmen.

JEDES SOUVENIR KAUFEN

Kaufen Sie keinen Schmuck aus Korallen oder Schildpatt: Die Korallenriffe sterben, die Meeresschildkröten sind vom Aussterben bedroht. Nehmen Sie keine lebenden Tiere oder Pflanzen mit. Viele der Orchideen, Reptilien und Vögel, die hier heimisch sind, stehen unter Naturschutz. Der Zoll sieht über Vergehen nicht hinweg, selbst wenn es Ihr Gewissen tut.

NAHTLOS BRÄUNEN

Auf den puritanisch prüden Bahamas ist oben ohne oder gar FKK am Hotelpool oder Strand verpönt. Die Herren tragen sogar meist knielange Badeshorts. Knappe Bikinis sind dagegen recht gern gesehen. An den oft menschenleeren Stränden der Out Islands gilt: Badekleidung ganz nach Gusto, denn wo keine Kläger, da keine Richter.

IN PUERTO RICO BADEN

In den Süßwasser führenden Gewässern der Insel Puerto Rico tritt verbreitet der Erreger der Bilharziose auf. Um eine Infizierung mit dieser gefährlichen Krankheit zu vermeiden, sollten Sie Ihre Badeaktivitäten auf die Strände oder Swimmingpools beschränken.

OFFENE HOMOSEXUALITÄT AUF JAMAIKA

In Jamaika ist gleichgeschlechtlicher Sex illegal. Selbst der Versuch, sich homosexuell zu betätigen, ist strafbar. Vor allem männliche Gays werden von den Jamaikanern geächtet und nicht selten aggressiv attackiert.

SICH ÄRGERN

Lassen Sie sich Zeit. Die Insulaner tun das auch. Wenn Sie hier in der Karibik Tugenden wie Pünktlichkeit und Zuverlässigkeit erwarten, sind Sie fehl am Platz. Der Ärger, den Sie verspüren, wird den betreffenden armen Sünder nicht sonderlich beeindrucken, Ihnen aber ganz bestimmt die Urlaubsfreude verderben.